学級経営サポートBOOKS

学級づくりに自信がもてる
ちょこっと スキル

髙橋 朋彦・古舘 良純 著

JN021583

明治図書

は じ め に

「子どもの笑顔あふれる教室にしたい！」
「子どもをキラキラと輝かせたい！」
「子どもの将来のために，成長させたい！」
　この本の読者の中には，このような「願い」をもっている方がたくさんいらっしゃるのではないでしょうか？しかし，うまくいかない日々が続くと，「自信」がなくなってしまい，「願い」と向き合うことができなくなってしまいます。私も数年前まで，そのような状態でした。

　私は教師になりたての頃，うまくいかない日々が続くことで，自信を失っていました。そんな時，自信をもって子どもの前に立つ憧れの先輩の行動を目で追い，自分に足りない物は何か考えました。その先輩がもっていたものは，「子どものための技術」だったのです。

　私が前年度悩んだ学級を次の年に憧れの先輩に受けもってもらった時のことです。始業式の日に，その学年の子が低学年を喜ばせる発表をしていました。発表が終わり，ステージから帰る時に，その先輩は目線を子どもの高さに落とし，「ありがとう」と，満面の笑みで一人一人に伝えていました。それを受けた子どものなんともうれしそうな顔。今でも忘れられません。
　まさに，「子どものための技術」でした。同じ「ありがとう」を伝えるにも，上からの目線で伝えるのと，目線を同じ高さに合わせて一人一人に笑顔で伝えるのでは，伝わり方が全然違ったのです。私が悩んだ学級は，その先輩のおかげですぐに立ち直っていきました。

　私の憧れの先輩は，いつも自分を見つめ直し，「技術」を磨いていました。「技術」が磨かれていたからこそ，「自信」をもって子どもの前に立てていた

のです。ただ「技術」を磨いていた訳ではありません。その「技術」は，「子どもたちを成長させたい」という「願い」を実現させるために磨いていました。その先輩は，いつも磨かれた「技術」と「願い」を楽しそうに語っていました。私も，そんな先輩のようになりたいと思うようになりました。

それから数年間，このような「子どものための技術」を学ぶ中で，少しずつ自分を信じることができるようになってきました。そして，私が「自信」をもつことで，「願い」がきちんと子どもに伝わるようになってきました。

本書には，「子どものための技術」である「ちょこっとスキル」が満載です。このスキルを身につけることで，「自信」をもって子どもの前に立ち，教師の「願い」が子どもに伝わるようになります。

読者のみなさんに，すぐに活用していただけるよう，次のようなページ構成になっております。

■こんなことありませんか？（学級経営上の課題）
■スキルの使用例（具体的場面）
■画像（場面の解説）
■ちょこっとスキル（具体的な手立て）
■なんのためのスキル？（ねらい）

「ちょこっとスキル」を通して，読者のみなさんのもつ「願い」がより子どもに伝わるよう，少しでもお手伝いができたら幸いです。どうぞよろしくお願いいたします。

髙橋　朋彦

CONTENTS

第1章

学級づくりに
自信がもてる
3つのポイント

その不安，スキルで解決できるかも

「トラブルが起きたらどうしよう」「迷惑をかけたらいけない」「失敗するかもしれない」

学校には，不安に感じることがたくさんありますよね。教師の不安は，子どもや他の教師に伝わってしまい，うまくいかないことが連鎖してしまいます。

では，不安をなくし，自信をもつためにはどうしたらよいのでしょうか？

それは，「スキルを身につけること」です。

例えば，皆さんが雪山に行かなければいけなくなったらどうするでしょうか？本やネット，専門家等から調べたり聞いたりして，必要な食料や道具，装備品の準備をしますよね。また，雪山での過ごし方や道具の使い方の練習もするのではないでしょうか？雪山には命を落とす危険がたくさんあります。少しでも不安は取り除き，自信をもって雪山に向かうはずです。

では，学級経営ではどうでしょうか？大学での学びを最後に，自分の考えだけで乗り切ろうとしてはいないでしょうか？そして，うまくいかない理由を自分ではない他の場所へ求めてはいないでしょうか？結果，自分では何もできずに不安な毎日を過ごすことになります。それでは，雪山に裸で行き，なぜ寒いのか気づかずに不安を抱いていることと一緒です。

そこで，「スキルを身につけること」が，重要となります。スキルを身につけることで，自分がうまくいかない理由を分析することができます。また，スキルを身につける前までは困難に感じていたことも，ちょっとした方法でうまく解決できることもたくさんあります。

本書では，知っているだけで役に立つスキルを集めました。みなさんの学級経営に対する不安を取り除き，自信につながるような学びになれば幸いです。

スキルを使って「安心感」をもとう

　勤務校に，初任者が着任することが多くなっています。大学を出たばかりの彼らは，とにかく一生懸命に頑張っています。そんな姿を見ると，私も元気をもらうことができます。

　職員室で顔を合わせた時，廊下ですれ違う時，「大丈夫？」「最近どう？」「頑張ってるね！」と声をかけるようにしています。彼らは「大丈夫です！」「ありがとうございます！」と返してくれますが，表情がいっぱいいっぱいで，笑顔をつくることすら大変そうに見えることがあります。

　放課後に話を聞くと，「給食の準備ってどうやって指導するんですか？」「朝の会って何をやったらいいんですか？」と悩んでいることを相談してくれました。

　「これでいいのか？」「どうすることが正しいの？」という不安を，たくさん抱えているようでした。若い先生方にとっては，当たり前が当たり前ではなかったのです。

　しかし，「ちょこっとスキル」を活用することで，その「不安」を「安心」に変えることができます。「知っている」だけで気持ちが楽になり，「使う」ことで「自信」につなげることができます。

　それは，今回紹介する「ちょこっとスキル」が，「願う学級像への見通し」のようなものだからです。「こんな学級にしたいなあ」「こんな子どもたちに育てたいなあ」という先生の願いを，どうしたら実現させることができるか考えて「ちょこっとスキル」としてまとめたからです。

どんな活動も「見通し」があると気持ちが楽になります。「安心感」をもって行事に取り組んだり，学級経営に着手することができます。「見通し」があることで，指導が細分化されたり，指示や言葉がけがより具体的になっていくからです。

　結果，子どもたちがスムーズに活動できるようになったり，子どもたちの笑顔につながったりします。そんな姿を見ると，私たちはまた「安心感」を確かに感じることができます。

　このサイクルが「安心感」をより強くし，不安を解決していくばかりではない，学級づくりへの「自信」となるのです。

　これから紹介するスキルは「手法」です。子どもたちの実態や，先生の「使い方」によっては効果が発揮されない場合があるかもしれません。だからこそ，より効果を発揮させるために気をつけてほしいことがあります。それは，

「願いをもったスキル」にしてほしいということです。

- 豊かな関係性のある学級にしたい
- 能動的に活動できる学級にしたい
- 温かな学級をつくりたい
- 子どもたちが輝く学級にしたい

　先生方はどんな学級づくりがしたいですか？その願いなしにスキルを使っても「安心感」は生まれません。「願いをもったスキル」を使って「安心感」をもちましょう！

ポイント
3

意識して実践し，振り返ろう

　スキルとは，一体どういったものなのでしょうか。『大辞林（第三版）』（三省堂）には，次のように記されています。

①訓練や経験などによって身につけた技能。
②ある人が有している力量や技術。腕前。熟練。

　ここからわかるように，スキルはすぐに身につくものではありません。実践を積み重ねることで初めて身につけることができます。
　スキルには，次のような段階があると考えています。

第１段階　…　スキルを知っているだけの状態
第２段階　…　スキルを意識しているが，うまく使えない状態
第３段階　…　スキルを意識して，うまく使える状態
第４段階　…　スキルを意識せずに，うまく使える状態

　第１・２段階と，どちらもうまく使えていない状態です。つまり，初めからスキルをうまく使えるわけではないのです。第３段階へとレベルアップすることで，初めてうまく使えるようになってきます。そして，実践を積み重ねることで第４段階へレベルアップし，意識せずとも自然とスキルを使えるようになります。

　本書を読むことで，第１段階の状態まで身につけることができます。しか

し，この段階ではスキルを使いこなせているとは言えません。つまり，役に立つ状態ではないということです。

　有効に使いこなせるようになるには，実践を積み重ねるしかないのです。

　では，具体的にどのように実践を積み重ねたらよいのでしょうか？
　それは，

　「意識して実践し，振り返る」です。

　本を読んでなんとなく実践すると，うまくいかないことがほとんどです。そして，「私には合ってない方法だったんだ」と判断してしまい，学びがなかったことになってしまいます。

　どんな実践でもそうですが，「意識して実践し，振り返る」ことで，初めて有効な実践にすることができるのです。
　さらに，これを続けることによって，自分オリジナルの実践が生まれることがあります。自分で生み出した実践は，生涯を通して自分を助けてくれる，最高の力になってくれます。
　この「ちょこっとスキル」は，私たちが意識して実践し，振り返ったことによって生まれた実践もあります。これらのスキルは，私たちの教師人生を助けてくれる，貴重な実践となりました。

　皆さんも，「意識して実践し，振り返る」ことで，「スキル」を自分のものにしてみませんか？

第2章

学級づくりに
自信がもてる
「ちょこっとスキル」
60

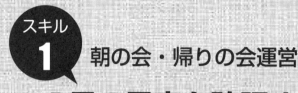

1日の予定を確認する「マグネット日課表」

♠ こんなことありませんか？

「1時間目は国語，2時間目は算数…」

1日の見通しをもつために黒板に日課を書きます。しかし，朝の会の時間はとても短いです。日課以外にも話したいことがあるのに，結局今日も時間オーバー。

そんな時に，画用紙に教科を書き，裏にマグネットを付けた「マグネット日課表」があると便利です。使い方は簡単！朝の会の時に教科を選んで黒板に貼るだけです。朝の会で日課の説明をしている時に，子どもに貼ってもらう使い方がオススメです。

♥ スキルの使用例

朝の会の1日の予定を伝える場面です。「マグネット日課表」をつくったので試してみました。

「日直の人がマグネット日課表を後ろの黒板に貼ってね。」

と伝えました。そして，

「1時間目は国語，2時間目は算数…」

と伝えると，日直が貼ってくれました。

朝の会の貴重な時間の確保に役立ちました。

画用紙に教科を書いて，裏に
マグネットを付けてあるだけです

子どもに貼ってもらうことで，
さらに時間短縮ができます

ちょこっとスキル

❶ マグネット日課表をつくる。

❷ 日課を説明する時に貼る。

・子どもに貼ってもらうと更に時短できます。

・視覚情報軽減の視点で，背面黒板に貼るのがオススメです。

🗨 なんのためのスキル？

✓ 朝の会の貴重な時間を確保するため。

ただただ授業へ「何も話さない作戦」

♦ こんなことありませんか？

　朝の会や帰りの会で，何か話さなければいけないと思い，子どもに響く話を考えたり，楽しい活動を考えたりします。しかし，無理やり話そうと思っているので，なんだか子どもにあまり伝わっていない様子です。

　それは，教師自身が必要と感じていないからです。必要感がなければ，特に何かする必要はありません。すぐに会を終わらせて，次の活動に取り掛かりましょう。「必要なこと以外はしない」という選択肢もあります。

　もちろん，特別なことがあったり，必要感を感じたりした時は，色々と話をしたり，実践をしたりすることが大切です。

♥ スキルの使用例

　ある日の朝の会です。特に何もなく，話も考えていませんでした。いつもなら，無理矢理でも話すのですが，うまく伝わりません。

　そこで，スキルの発動。

　必要なこと以外は何もせず，1時間目に入りました。

　何もしないことで，逆に落ち着いて1時間目の学習に取り組めました。

「必要なこと以外はしない」
という選択肢もあります

特に何もない日だったので，
すぐに1時間目に入りました

ちょこっとスキル

❶ 「必要なこと以外はしない」という選択肢があることを知る。

❷ すぐに次の活動に移る。

🗨 なんのためのスキル？

- ✔ 他の大切なことに力を注ぐため。
- ✔ 不必要なことをして，子どものモチベーションを下げないため。

気持ち・体調を把握する「目合わせ健康観察」

♦ こんなことありませんか？

１クラスの人数は多くて40人近くいます。人数に関係なく，全ての子と触れ合うことは難しく，「１日１回も触れ合っていない！」なんてことがありますよね。それだけではありません。「実は体調を崩していた。」「気持ちが落ち込んでいた。」という大切なことに気づかない場合もあります。しかし，一人一人しっかりと様子を見る時間はなかなかとれません。

実は，教師が必ず個人と触れ合える時間があるんです。それが健康観察です。健康観察は，教師が名前を呼び，子どもが返事をして体調を伝えてくれます。この時間を大切にするのです。目を合わせながら健康観察をするだけで，触れ合うことができたり，わかることがあったりします。

♥ スキルの使用例

「目を合わせながら健康観察をします。」

と言って，健康観察をしました。輝いている子，眠そうな子，色々な子がいます。すると，下を向きながら返事をして，目が合わない子がいました。いつもは元気な子なので心配になり，休み時間に

「どうしたの？何かあった？」

と，聞きました。すると，友達関係で悩んでいたようです。目を合わせながら健康観察をすることで，その子の悩みに気づくことができました。

一人一人，子どもと目を合わせています

ちょこっとスキル

① 目を合わせながら健康観察をする。

② 気になる子がいたら，後で声をかける。

※ 目を合わせるために，一人一人に「目を合わせてくれてありがとう」と伝えると，合わせてくれる子が少しずつ増えます。

※ 目を合わせる指導は大切です。しかし，目が合わないことにイライラしてはいけません。あくまでもその子に寄り添う気持ちが大切です。

目が合わないことはスルーしても大丈夫です。

🗨 なんのためのスキル？

✔ 子どもの様子を把握するため。

✔ 1日1回，子どもと触れ合うため。

安心・自信を支える「お手持ち進行カード」

♦ こんなことありませんか？

　朝の会を始める時，前に出てきた日直の子が言葉を発せずに止まっていました。「朝の会の進行」ができなかったのです。私が「どうした？始めましょう。」と促すものの，「これから朝の会を始めます！」の一言がなかなか出ません。その子は，「『気をつけ』って言いますか？」と心配そうに聞いてきました。そんなこと，ありませんか？

　子どもたちの中には，人前で話すことや仕切ることが苦手な子がいます。そんな子のために，司会進行用の「お手持ち進行カード」がオススメです。

♥ スキルの使用例

　1学期の朝の会の時間，不安な気持ちからか，ほとんどの日直がスムーズに進行できません。そこで，一字一句書かれた「お手持ち進行カード」を用意しました。子どもは，その読み原稿をもとに会を進めました。自信をもって進行ができるようになりました。さらに，カードが回ってくることで，「明日は自分が日直だ！」という意識をもつことができたようです。

　後半になると，進行内容を覚えた子が自分なりに進めるようになりました。2巡目からは，進行カードをなくし，自分で考えて進めるようにさせました。

ちょこっとスキル

① 朝の会と，帰りの会のプログラムをつくる。

② プログラムごとに読み原稿を書き加える。

③ ラミネートして子どもにもたせる。

🗨 なんのためのスキル？

- ✔ 子どもたちが安心して指示を出せるようにするため。
- ✔ 進行カードを次の日直に引き継ぐことで，子どもたちの関係性をつくるため。

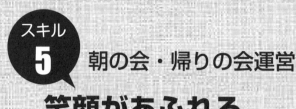

スキル 5 朝の会・帰りの会運営

笑顔があふれる
「おはようハイタッチ」

♦ こんなことありませんか？

　元気にあいさつでスタートしたいのに，なんだか声が出ません。やり直しをさせると少しは声が出るようになりますが，全体の士気が下がってしまいます。どうしたらよいのでしょうか？

　そんな時，「おはようハイタッチ」はいかがでしょうか？あいさつをしながら友達とハイタッチをすることで，自然と元気な雰囲気になり，朝から笑顔があふれます。

♥ スキルの使用例

①では，今日から朝の「おはようハイタッチ」を始めます！
②全員で「おはようございます」と言ったら，教室の中を歩き回って友達
　とハイタッチします。
③目を見て，ハイタッチをしながら「おはよう！」と声をかけてください。
④今日は「4人」とハイタッチしたら自分の席に座ります。
⑤男女2人ずつハイタッチするようにしてください。
⑥それではみなさんで元気よく「おはようございます！」

　このように，毎日ルールを変えながら取り組むと，自然と元気なあいさつになります。子どもたちの笑顔も増えるでしょう。

ちょこっとスキル

❶ 立たせてから，「3〜5人の人とおはようハイタッチ」を
させる。
❷ 「笑顔で目を合わせ」ハイタッチをすること。
❸ 日によって人数を変えたり，「男女2人ずつ」などルール
を変える。

🗨 なんのためのスキル？

✔ 体を動かし，ハイタッチをすることで朝から笑顔を引き出すため。
✔ 毎日続けることで，子どもたち同士，教師と子どもの関係性をよくする
ため。

朝の会・帰りの会運営

よさを見つけ合う
「バラスーシカード」

🔶 こんなことありませんか？

　帰りの会のプログラムの中で「日直の子をほめる」活動をします。しかし，いざ帰りの会になると誰もほめません。ほめたとしても，またあの子だけ…。いろんな子にほめてもらいたいのに。

　ほめられない理由は2つあります。1つは，ほめることを見つける意識が低いこと。もう1つは，ほめ方がわからないこと。

　そこで，「バラスーシカード」（バラスーシは素晴らしいのアナグラム）はいかがでしょうか？ほめ方の型を示し，カードを手元に置くことで，友達のよいところを探してほめられるようになります。帰りの会では，カードを読むだけでも効果的です。

💜 スキルの使用例

　「これから『バラスーシカード』を配ります。『バラスーシカード』とは，『素晴らしい』ことを書くカードです。日直の友達が，今日一日の中で，どんな素晴らしいことをしたのかを観察して書き，帰りの会で渡します。日直の子が『どんなことをしていたか？』という事実と，『それを見てどう思ったか？』という意見を書くようにしましょう。今（朝の会）から友達のことをしっかりと見て，帰りの会には書き上げておきます。たくさんのバラスーシを見つけましょう。」と説明します。

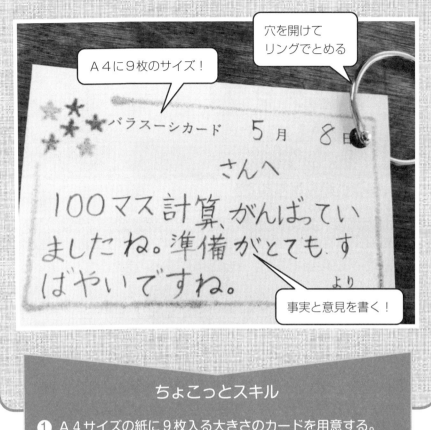

ちょこっとスキル

① A4サイズの紙に9枚入る大きさのカードを用意する。
② 右上に穴を開けてリングでまとめられるようにする。
③ 日直の子がしたこと（事実）と，自分はどう思ったか（意見）を書かせる。

🗨 なんのためのスキル？

- ✔ 朝の会で，今日一日の行動目標を立てるため。
- ✔ 友達同士が，お互いによさを発見し合う習慣をつけるため。

第2章　学級づくりに自信がもてる「ちょこっとスキル」60　25

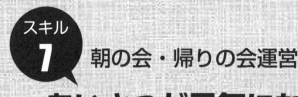

あいさつが元気になる
「号令3ステップ」

◆ こんなことありませんか？

　朝の会で「おはようございます」が暗かったり，帰りの会で「さような ら」がざわついていたりして，「やり直し」をさせることはありませんか？

　「気持ちよくスタートしたい」「気持ちよく下校させたい」と思っても，な かなかうまくいかないことがあります。結局，厳しく指導すると余計に声が 出ず，悪循環に陥ることも…。

　そんな時は，「号令3ステップ」はいかがでしょうか？3ステップの型を 与え，リズムよくあいさつをすると，子どもたちが元気にあいさつに取り組 めるようになります。

♥ スキルの使用例

ステップ1　日直：「明日も元気に登校しましょう！」　全員：「はい！」
ステップ2　日直：「車に気をつけて帰りましょう！」　全員：「はい！」
ステップ3　日直：「さようなら！」　　　　　　　　　全員：「さようなら！」

　上記のようにさせると，ステップ3の時には，全体の意識があいさつに向 くようになります。無理に，静かになるまで待ったり，姿勢を注意したりす るよりも，勢いで巻き込んで元気を引き出すことも必要です。

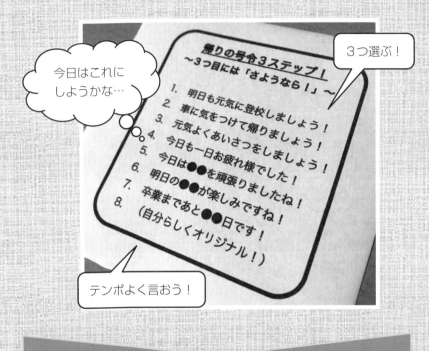

ちょこっとスキル

❶ 明日の目標を含めた,「〜しましょう！」の文をいくつか
   提示する。
❷ 自分で考えられるように,最後はフリーにする。
❸ ラミネートして日直にもたせ,選んでおくようにさせる。

🗨 なんのためのスキル？

- ✓ 歯切れよいステップを踏むことで,あいさつに元気を出すため。
- ✓ 前向きな気持ちであいさつに取り組ませるため。

教師も一緒に「関わり準備」

♦ こんなことありませんか？

　中・高学年になったので，子どもに任せて給食の準備をさせます。その間，教師は溜まった仕事を片付けます。しかし，給食準備がうまくいきません。結局，子どもに呼ばれて給食の準備の指導をすることになりました。準備の仕方は知っているのに，どうして？

　それは，教師の目が届いていないからです。年度の始めやうまくいかない時など，時々教師が関わることで，給食の準備は安定します。給食の準備が安定すれば，教師が関わる時間を減らして，子どもに任せることができます。

♥ スキルの使用例

　給食準備の時に，テストの丸付けをしようとしました。しかし，最近準備がうまくいっていない様子。そこで，子どもと一緒に給食の準備をすることにしました。すると，当番ではなく，つくり手の待ち方と並び方に原因があることに気づきました。

　「落ち着いて待ち，静かに並びましょう。」

　と，学級に呼びかけて子どもと一緒に給食をつくりました。すると，落ち着いた様子になりました。数日後，給食の準備は子どもたちだけでできるようになりました。

ちょこっとスキル

❶ うまくいかない時や，確認のために給食づくりに参加する。
❷ 一緒につくりながら，全体指導をする。
❸ 給食づくりが安定するまで続ける。
❹ 安定してきたら子どもに任せる。

💬 なんのためのスキル？

✔ 子どもの給食づくりを確認するため。
✔ 子どもだけで給食づくりを安定させるため。

全員参加の「給食準備作戦会議」

🫗 こんなことありませんか？

「給食当番がなかなかつくり始めない。」「当番以外は，廊下や教室でしゃべっている。」「給食を誰かにつくらせてしまっている。」そんなことはないでしょうか？給食の準備は，学級の状態がよくあらわれます。給食の準備を安定させることで，学級全員で協力する雰囲気をつくることができます。

給食準備作戦会議は，学級で目標を決め，それを達成するために子どもからアイディアを出し合うものです。最初のうちは，教師がリードをしてアイディアを出させ，まとめるとよいでしょう。

♥ スキルの使用例

給食の準備に，20分以上かかってしまう状況でした。仕事も押し付け合っています。そこで，給食準備作戦会議を行いました。

まずは，教師が目標を与えます。

「給食の準備を10分以内でします。どうしたらできるだろう？」

「当番と，当番以外の動きを作戦で決めよう！」

その後，勢いよく話し合いが始まりました。アイディアを教師がまとめます。自分たちで出したアイディアを実行することで，10分以内は無理だったものの，時間を短縮できました。次の日，さらに作戦を出し合うことで，10分以内につくることができました。

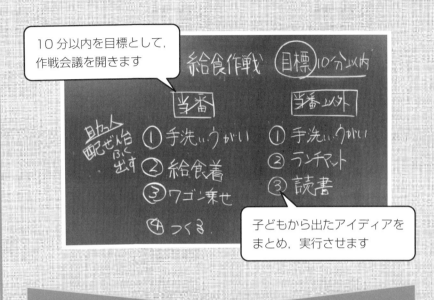

10分以内を目標として，作戦会議を開きます

子どもから出たアイディアをまとめ，実行させます

ちょこっとスキル

❶ 「10分以内」につくることを目標として，話し合わせる。
❷ 出たアイディアを教師がまとめる。
❸ タイマー計測をする（教師でも子どもでもよい）。
❹ うまくいかなかったら，もう一度方法を考えさせる。
❺ うまくいったら，教師も含め，みんなで喜ぶ。

🗨 なんのためのスキル？

✓ 給食の準備も学級づくりで活用するため。
✓ 全員で協力して給食づくりをするため。

※土作彰先生（奈良県）のご実践を参考にしました。

準備片付けがスムーズになる
「導線づくり」

♦ こんなことありませんか？

　給食の準備や片付けを素早くしたいと思う先生方は多くいらっしゃるはずです。しかし，子どもたちの動きが流れなかったり，列が乱れてしまったりすることはありませんか？

　もしかしたら，準備や片付けの導線に問題があるのかもしれません。その流れをつくってあげること（子どもと一緒に考えること）が，給食の準備や片付けの時短につながります。

♥ スキルの使用例

教「どうやって配膳台に並べたら，準備が早くなるかな？」

子「トレーは最初でしょ！」

教「そうか。じゃあ最後は食缶かな？」

子「なんでですか？」

教「時間がかかるものは最後にもって行って，広いところで列に余裕を出したらいいと思うんだけど…」

　このように，子どもたちと作戦会議をしながら，片付けも同様に行います。子どもの意見を取り入れつつ，教師の願いや学校ごとの実態に合わせて導線をつくってみるとよいでしょう。

列が伸びないように配列する

ゴミ袋は中盤に！

子どもは一方通行！

ちょこっとスキル

❶ 準備では最初がトレー，最後は食缶（汁物）。片付けはその逆にする。

❷ ゴミ袋と箸入れは，中盤に置くと指導しやすい。

❸ 子どもの流れは一方通行にする。

（実態によって変えたり，子どもと一緒に考えたりしてより効果的な「導線」を見つけてください。）

💬 なんのためのスキル？

✓ 給食の準備や片付けを安全に，スムーズに行うため。

✓ 配膳のスピードアップにより，子どもたちの一体感を生むため。

サッと拭き取る
「配膳台中ペーパー」

♦ こんなことありませんか？

　給食で準備をしていると，必ずといっていいほど食べ物がこぼれてしまいます。すぐに取ろうと思ったのですが，手元にティッシュがありません。仕方なく子どもに借りようとするのですが，もっている子を見つけるのに時間がかかってしまいます。また，子どもにティッシュをもらうのも申し訳ない気持ちになってしまいます。

　そんな時，トイレットペーパーを配膳台の中に入れておくだけで解決ができます。すぐに拭き取れるので，とても気持ちいいです。慣れてくると，子どもたちが自主的に取ってくれるようになります。

♥ スキルの使用例

　給食の準備の時のことです。ある子がご飯を床にこぼしてしまいました。早く取らなければ，誰かが踏み，足の裏にご飯粒がついて，床がベタついてしまいます。

　そんな時，配膳台の中にあるトイレットペーパーを使います。手伝いに来てくれた子どもにもトイレットペーパーを渡すことができるので，すぐに拭き取ることができました。

配膳台にトイレットペーパーを入れておくだけで、すぐに使うことができます

慣れてくると、子どもたちだけで拭き取ってくれるようになります

ちょこっとスキル

① トイレットペーパーを配膳台の中に入れておく。
② 必要な時にサッと取り出して使う。
③ 慣れてきたら、子どもだけで使ってもよいことにする。

💬 なんのためのスキル？

✓ 素早くこぼれた給食を拭き取るため。

手洗いの必要性を感じさせる 「机のアルコール清拭」

♦ こんなことありませんか？

　給食の準備や風邪の流行っている時期に，手洗いの指導をします。しかし，なかなか子どもに手を洗う習慣をつけさせることができません。

　それは，手洗いの必要性を実感させられていないからだと考えられます。

　そんな時，子どもの机をアルコールで拭いてみてください。

　ティッシュにアルコールをつけて拭くと，ティッシュは真っ黒になります。普段何気なく触っているものが，目で見て実は汚れていることに気づかせることで，自然と手を洗う大切さを実感させることができます。

♥ スキルの使用例

　給食指導をしている時のことです。手を洗わせたいのですが，なかなか洗いません。そんな時にこのスキルを発動。

　「ティッシュにアルコールをつけて，机を拭きましょう。」

　机を拭いた後のティッシュは，真っ黒でした。

　「いつもみんなが触っている机だよ。きっと，みんなの手も汚れているから，洗おうね。」

　と，声をかけると，子どもは急いで手洗い場に行きました。

アルコールで拭くと，机の汚れが落ちやすい

ティッシュを見せて，机が汚れていることを「見える化」する

ちょこっとスキル

① ティッシュにアルコールをつけて机を拭かせる。
② ティッシュについた汚れから，机がどれだけ汚れているか考えさせる。
③ 手洗いの必要性を伝える。

🗨 なんのためのスキル？

- ✓ 手洗いの必要性を実感させるため。
- ✓ 机の汚れを見える化するため。

子どもたちが納得する 「じゃんけん審判」

♦ こんなことありませんか？

　給食の時間に平等に「おかわり」ができるように，全て教師が仕切っていました。一定量を一定量ずつ配ったり，じゃんけんを教師の目の前でやらせたりしました。すると，負けた不満や，その文句の矛先は教師になりました。子どもたちのために教師が仕切ったのに，なぜ？

　それは，子どもたちが自治的に活動ができていなかったからです。子どもたちが自分たちで納得できるシステムやルールをつくることが大切です。

♥ スキルの使用例

　子どもたちを集め，ルールを確認します。「①円になってやること」「②手は前に出して見えやすくすること」「③声出し，個数や人数の確認は誰か1人が仕切ること」などを決めます。

　そして，「自分たちでできるよね？」「任せていい？」と聞いて，子どもたちに確認をとります。翌日以降は，最初に決めた3つのことについてだけ指導するようにします。特に，円になっていない場合は文句が出やすいので，気をつけるようにしましょう。

ちょこっとスキル

① 円になってじゃんけんする。

② 手を見えるように出してじゃんけんする。

③ 仕切る人は1人にし，最初にルールを確認させる。

🗨 なんのためのスキル？

✓ 給食のおかわりを納得して終えるため。

✓ 子どもたちに自治的な能力や解決力を身につけさせるため。

給食分量を一定に保つ「おとなりさん」

♦ こんなことありませんか？

　「もっと多くして！」「俺，これ苦手だから減らして！」など，配膳の段階で給食の量を調整する子どもはいませんか？すると，配膳時間がかかったり，量が足りなくなったりしてしまいます。

　そんな時は，給食を「おとなりさん」（友達の分）からつくらせてみてはいかがでしょうか？「人のために」という意識が給食づくりをよい方向へ導いてくれます。量は均等割で配膳し，「いただきます」の後に個人で調整させます。減らしたい子が減らし，増やしたい子はじゃんけん等で増やせます。

♥ スキルの使用例

　給食づくりをする時に，「自分の給食を増やしたい！」という意識でトラブルが続きました。そこで，このスキルの発動。

　「おとなりさんからつくりましょう」

　均等に友達の分からつくることでスムーズに給食づくりが進みました。さらに，トレーを置く時に「はい，どうぞ」と言葉を添えさせることで，丁寧に配膳できるようになりました。

　自分の給食が少ない（多い）と思う時は，「いただきます」の後に調整させることで，給食をめぐるトラブルがなくなりました。

ちょこっとスキル

❶ 前から（後ろから）など，空いている席から順に配膳させる。

❷ まずは一定量を配膳させる（増やす・減らすは後にする）。

❸ 置く時に「はい，どうぞ」と言わせる。

🗨 なんのためのスキル？

- ✓ 自分以外の給食をつくることで，分量がある程度一定になるため（増量や減量のリクエストは配膳の段階では受け付けない）。
- ✓ 友達への「はい，どうぞ」で「ありがとう」が教室にあふれるため。

清掃用具入れがきれいになる「道具に名前と住所」

♦ こんなことありませんか？

掃除の時間に清掃用具入れを開けます。そこから現れるのは，ぐちゃぐちゃに片付けられた道具。掃除を始める前からやる気が落ちてしまいます。また，掃除が終わった後も道具を乱暴に片付ける子どもたち。なんだか道具がかわいそう。何より，道具を大切にできる子に育てたい！

声かけはしているのに，なかなかできません。どうして？

それは，道具ごとに片付ける場所が明確になっていないからです。道具一つ一つに名前と住所を与えることで，子どもたちは自然と片付けられるようになります。

♥ スキルの使用例

清掃用具をきれいに片付けられるよう，道具に名前（清掃場所）を与えました。バーとフックにも住所（清掃場所）がつけられています。

「道具の名前が書かれている場所に片付けるようにしましょう。」

と，声をかけました。すると，子どもたちは進んで片付けます。しかし，次の日に確認すると，道具が違う住所のところに片付けられていました。

「あれ？違うところに片付けられているな。直しとこう。」

と，大きめの声で言いました。これを続けているうちに自然と道具を片付けられるようになりました。

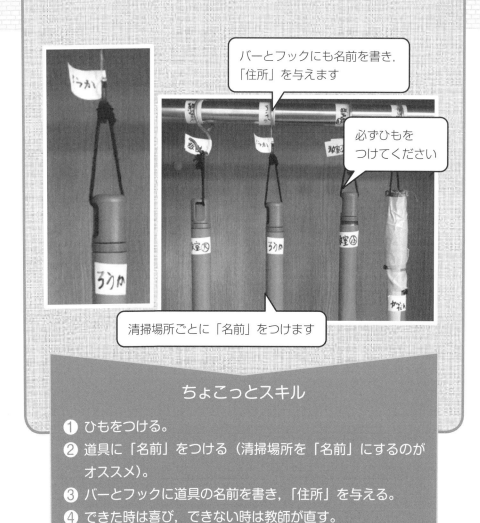

バーとフックにも名前を書き，「住所」を与えます

必ずひもをつけてください

清掃場所ごとに「名前」をつけます

ちょこっとスキル

① ひもをつける。
② 道具に「名前」をつける（清掃場所を「名前」にするのがオススメ）。
③ バーとフックに道具の名前を書き，「住所」を与える。
④ できた時は喜び，できない時は教師が直す。

💬 なんのためのスキル？

✔ 清掃用具を大切に扱う気持ちを育てるため。

【参考文献】 近藤麻理恵『人生がときめく片づけの魔法』サンマーク出版

教室掃除の時短テク
「拭いたところから机運び」

♦ こんなことありませんか？

　掃除の時間が終わったのに，教室掃除だけが終わっていません。子どもの話を聞くと，一生懸命やっていたようです。それなのに，なぜ？

　教室掃除で効率的でない部分があります。それは，全員が雑巾で床を拭き終わってから机を運ぶというところです。床を拭いたところはきれいなので，机を運ぶことができます。教室を縦に拭き，拭いた場所から，どんどん机を運んでしまいましょう。床拭きの人数を減らして，机運び専門の役をつくり，どんどん運ぶのも有効です。

♥ スキルの使用例

　教室掃除がいつも時間通りに終わりません。机運び専門の担当と，床拭きが終わってから机運びをする担当に分けました。

　「拭き終わったところからどんどん机を運びましょう。」

　すると，机運び専門の担当の子は，他の子が床を拭いている間に机を運ぶことができました。そして，床を拭き終わった子は，その後机運びに加わりました。

　時間を短縮できる部分を見つけ，掃除の仕方を変えたことで，教室掃除にかかる時間を短くすることができました。

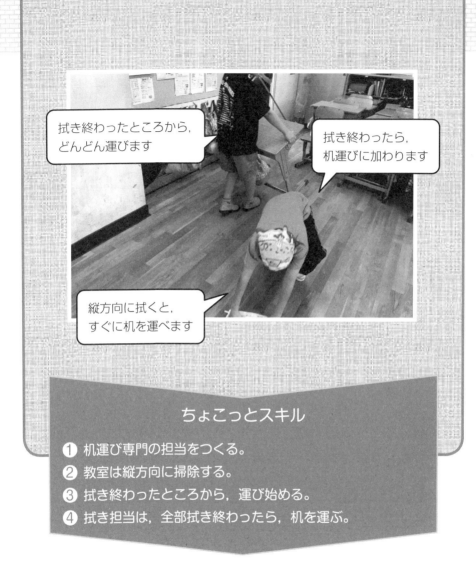

拭き終わったところから，
どんどん運びます

拭き終わったら，
机運びに加わります

縦方向に拭くと，
すぐに机を運べます

ちょこっとスキル

1 机運び専門の担当をつくる。
2 教室は縦方向に掃除する。
3 拭き終わったところから，運び始める。
4 拭き担当は，全部拭き終わったら，机を運ぶ。

🗨 なんのためのスキル？

✔ 教室掃除の時間を短くするため。

キーワードで押さえる「四角い掃除」

♦ こんなことありませんか？

　掃除が終わったというのでチェックしたところ，隅々に埃が溜まっている状態です。本当に掃除をしたのかと尋ねると，元気よく「はい！やりました！」と返事が返ってきます。こんなこと，ありませんか？

　子どもたちは掃除をしています。ただし，掃除の仕方がわかっていないのでしょう。だから，教室で雑巾がけをしていても，「丸く」折り返して拭く様子が見られます。そんな時こそ，教室の隅を意識させる「四角い掃除」をキーワードにして掃除させるとよいでしょう。

♥ スキルの使用例

　教室の隅に埃が溜まっています。指導するために黒板に四角形を描き，

　「この四角形を教室だとします。埃が溜まったり，掃除が行き届かない部分はどこでしょう？」

　「端っこ！」「角！」

　さらに，四角の中に丸を描き，

　「丸く掃除をしているから，この隅っこが汚れやすくなるんだね。これからは，『角』と『辺』を意識した，『四角い掃除』を心がけましょう。」

　と確認しました。すると，掃除中に「四角く掃除していますか？」と声をかけるだけで掃除が見違えるようによくなりました。

ちょこっとスキル

❶ 「角」を掃除させる。
❷ 「辺」を掃除させる。
❸ 「四角く」をキーワードにする。

🗨 なんのためのスキル？

✔ 隅々まで掃除できるようにするため。
✔ 掃除のポイントにキーワードを浸透させるため。

清掃指導・整理整頓

掃除の仕上げが変わる「四辺仕上げ」

♦ こんなことありませんか？

「掃除をしたのにゴミが落ちている…」

そんな経験はありませんか？それは，「前から後ろまでやって終わり」という流れで掃除を行い，子どもたちが自分たちで最終チェックをできていないからです。そこで，一通り掃除した後に，教室の「四辺仕上げ」をしましょう。掃除の終わりに「四辺仕上げ」をすることで，教室全体を短時間で確認することができます。「四角い掃除」と組み合わせて習慣づけることで，掃除の質がさらに高まります。

♥ スキルの使用例

掃除の終わりに教室の隅に埃が溜まっていました。そこで，このスキルの発動。

「教室の四辺仕上げをしましょう。」

「掃除が終わったら，前後左右の壁際の「辺」を一周しながら掃除してください。この四辺を仕上げて掃除を終えると，教室がきれいになります。」

掃除を仕上げる方法が明確になったことで，自分たちの手できれいにできるようになりました。

ちょこっとスキル

❶ 掃除の最後に四辺を一周させる。

❷ できれば，掃きも雑巾がけも行えるとよい。

🗨 なんのためのスキル？

- ✔ 教室をきれいに保ち，スッキリ掃除を終えるため。
- ✔ 自分たちで教室を最終チェックし，仕上げられるようにするため。

スキル 19 清掃指導・整理整頓

小さな積み重ねが効果を生む「1分間整頓」

♦ こんなことありませんか？

掃除の時間があったはずなのに，帰りになると汚れていたり乱れていたりすることはありませんか？

そんな時，隙間時間を見つけて「1分間整頓」をしてみたらいかがでしょうか？少しの時間でも30人でやったら大きな作業になります。突発的に，「乱れたからやる」のではなく，週に1〜2度の活動として位置付けたり，整えることを習慣化させる中で，教室環境を保つことができます。

♥ スキルの使用例

教室環境が乱れていたので，このスキルを発動。

「今から1分間時間をとります。周りを見てください。整頓したり，きれいにできそうな場所がたくさんあるはずです。」

「行き先は見つけましたか？そこを整頓します。」

「先生が『時間です』と言ったら，途中でも戻ってきてください。また次回やりましょう。みなさんが気を利かせ，自分たちの教室をきれいにするのです。先生も手伝います。起立，用意，始め！」

少しの時間を確保することで，生き生きと整頓することができました。定期的に積み重ねることで，教室はきれいに保たれるようになりました。

ちょこっとスキル

❶ 1分間でできる整頓を週に1〜2度位置付ける。

❷ 始める前に周りを見させて「行き先」を決める。

❸ 途中でも終わらせて席に戻るように約束しておく。

💬 なんのためのスキル？

- ✓ 日々，ちょっとずつ掃除をしたり整頓をしたりする習慣をつけるため。
- ✓ 自分たちの教室へのオーナーシップをもつようにさせるため。

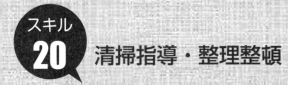

教室全体のバランスが整う
「ぴったり目印」

♦ こんなことありませんか？

　下校後，教室を見渡してみると，机が乱れていました。椅子が半分出ていたり，列も揃っていません。子どものいない教室を１周しながら，整頓する毎日。こんなこと，ありませんか？

　授業中もそうです。「揃えましょう」「縦横見て」と言いますが，いまいちきっちり揃わないことも多くあります。

　それは，基準となる目印がないからです。どこに，どのように揃えればよいのかを明確にし，子どもたちが自分たちでできるようにすればよいのです。そのために，「ぴったり目印」をつけてみてはいかがでしょうか？

♥ スキルの使用例

　子どもたちが下校したら，一度基準となる場所に机を整えます。その後，一人一人の机の位置に目印をつけていきます。①子どもにとって手前側の脚の下につける（左右は実態に応じて）。②床と同系色の色でつける（私は黄色かオレンジ）。

　子どもにとって手前側の脚の下につけることで，日常的に見やすい目印となります。そして，朝，子どもたちに目印を確認させ，基準となる位置を教えます。また，前や横とどう揃っているか，全体的なバランスも見るようにさせます。次第に目印は不必要になっていくでしょう。

ちょこっとスキル

❶ 机の手前側の脚にシールや水性ペンなどで目印をつける（子どもが見やすいように）。

❷ 黄色やオレンジなどの床と同系色の色で目印をつける。

💬 なんのためのスキル？

✓ 自分の机の位置を明確にし，列を揃えるため。

✓ 掃除後なども，自分たちで整えられるようにするため。

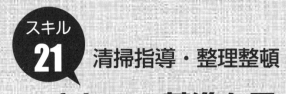

きれいの基準を示す
「黒板に合わせて」

♦ こんなことありませんか？

　ゴミ拾いをさせたり，整理整頓をさせたりしても，「本当にやったのかな？」「それでいいのかな？」と思ってしまう子はいませんか？「もっとできるでしょう？」「こうしたらいいと思うよ」なんて声をかけ，結局は「やらせる」ようなことはありませんか？

　そんな時，教師が「きれい」の価値基準を示してはいかがでしょうか？「丁寧さ」や「細部へのこだわり」の基準を示すことで，子どもが頑張る基準を意識して掃除ができるようになります。

♥ スキルの使用例

　子どもたちに「3分黙って見ていてください。」と言い，黒板を超丁寧に掃除します。ネームプレートや，1ｍ定規，貼ってあるプリントも，まっすぐに貼り直します。消し残しがないか，隅まできれいか，チョークは…と，細部までやってみせます。

　3分経ったら，「同じように教室もきれいにしてみましょう。」と指示を出します。「黒板と同じくらい，教室がきれいになったらいいですね。」と声をかけ，スタートさせます。次からは，「先生も一緒に黒板をやります。」と言って同時に活動すると時短にもつながります。

ちょこっとスキル

❶ 黒板を超丁寧に掃除している様子を見せる。

❷ 連絡プリントなどの貼ってあるものもまっすぐに貼って見せる。

❸ できれば，チョーク受けもきれいにして見せる。

🗨 なんのためのスキル？

✔ 子どもたちが自分で考えて掃除や整頓ができるようにするため。

✔ 受動的な活動から，能動的な活動にしていくため。

まずはココから伝える
「最後まで聞く態度」

🌢 こんなことありませんか？

「先生！○○くんが，掃除サボってた！！」「△△くんに悪口を言われた。」
「□□くんは，宿題やってこないよ！」なんて情報が入ると，その子を呼ん
で指導をします。指導をする時に，「なんでこんなことしたんだ！」なんて
問い詰めますが，その子は一切口を開きません。なぜでしょうか？

それは，「指導しよう」という意識が強くあらわれていることが原因です。
これが続いてしまうと，「何言っても無駄」と子どもが壁をつくってしまい
ます。まずは，子どもの話を最後まで聞く態度で接しましょう。

🖤 スキルの使用例

「先生！○くんが叩いてきた！！」
ある子の報告を聞いて，カチンときてしまいました。
「暴力はいけない！だから強めの指導をしよう！」
そう思いました。そんな時にこのスキルを発動。
「指導の前に，○くんの話を全部聞こう。」
話を聞くと，○くんは報告してきた子に，ひどい悪口を言われたので，叩
いてしまったとのことです。悪かったと思っているから謝りたいと訴えてき
ました。その話を聞いたことで，お互いが謝ってケンカを終わらせることが
できました。

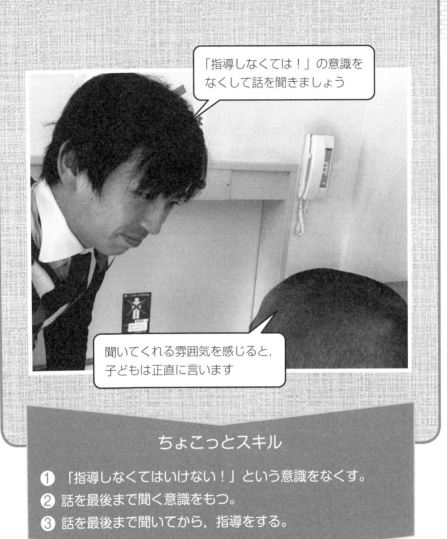

「指導しなくては！」の意識を
なくして話を聞きましょう

聞いてくれる雰囲気を感じると，
子どもは正直に言います

ちょこっとスキル

❶ 「指導しなくてはいけない！」という意識をなくす。
❷ 話を最後まで聞く意識をもつ。
❸ 話を最後まで聞いてから，指導をする。

🗨 なんのためのスキル？

✔ 子どもの話を最後まで聞くため。
✔ 自分の心のもち方を変えるため。

※当時同僚だった，緒方先生からの学びを参考にしました。

スキル 23　トラブル対応

子どもの心に響かせる 「アイメッセージ」

♦ こんなことありませんか？

　叱る時には，「何でそんなことしたの！」「いけないでしょ！」ほめる時には，「エライ！」「頑張ったね！」などの言葉をかけることがあります。うまく子どもに響くこともあるのですが，そうでない時もあります。

　そんな時には，自分を主語にして，「アイメッセージ」で語りかけてください。上のセリフはどれも「ユーメッセージ」といって，相手が主語の言葉です。自分を主語にした，「悲しい」「怒っている」「うれしい」「ありがとう」などの言葉がけに変えると，子どもの心に響きます。

♥ スキルの使用例

　ある日，友達とケンカをしてしまった子がいました。その子は度々トラブルを起こしていた子です。指導をしてもなかなか響きません。「何でそんなことしたんだ！」といつもは言葉をかけているのですが，アイメッセージを意識しました。

　「先生は，悲しいよ。」

　と，言葉をかけることで，その子はハッとしました。その後は，なぜ悲しいのか，伝えました。すると，その子の顔は自分の行いを反省した顔になりました。

「悲しいよ」「うれしいよ」
などの気持ちを伝えています

言葉を変えると，聞く側も真剣に
聞いてくれます

ちょこっとスキル

❶ 相手を主語とした「ユーメッセージ」を控える。
❷ 自分を主語にした「アイメッセージ」で語りかける。

🗨 なんのためのスキル？

✓ 子どもの心に響く指導をするため。

※アドラー心理学の考えをもとにした実践です。

時系列で確認できる
「事実の見える化」

♦ こんなことありませんか？

　トラブルがあった時に，当事者同士で話し合いをします。しかし，お互いに興奮しているので正しく思い出せません。辻褄が合わないので，自分の非をなかなか認めることができず，素直に謝れません。

　それは，子どもの中の事実が曖昧だからです。そんな時は，黒板や紙を使って時系列で事実をまとめて目で見て確認させることで，自分の行いを客観的に振り返ることができます。感情でなく事実を示しているので，非を認めることができるようになります。

♥ スキルの使用例

　教室に戻ると，ケンカをしていました。何があったか聞いても，お互いに興奮しているのでよくわかりません。怒りは増すばかりです。そこで，このスキルを発動。

　教師が落ち着いた様子で，時系列で事実を確認して板書します。そして，
「どうすれば，ケンカを防げたかな？」
と問うと，
「…僕は③番のところで悪口言わなければよかった」
と，自分の非を振り返ることができました。

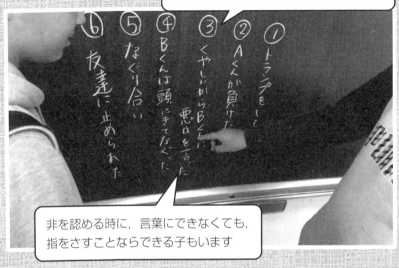

数字をつけると，より客観的に時系列を振り返れます

非を認める時に，言葉にできなくても，指をさすことならできる子もいます

ちょこっとスキル

❶ 黒板や紙に書きながら事実確認をする。
（時系列ごとに，番号を振りながら確認するとよい。）

❷ 全部書き出せたら，「どの番号の時に，どうすればよかったかな？」と聞く。

❸ お互いに謝る。

🗨 なんのためのスキル？

- ᵛ 事実確認を正確にするため。
- ᵛ 子どもの感情的な気持ちを落ち着かせるため。
- ᵛ トラブルの原因と対策を自分で考えさせるため。

スキル 25 トラブル対応

事実確認がシッカリできる
「個人→当事者全員→個人」

♦ こんなことありませんか？

　子どもがトラブルを起こした時に，当事者を集めて事実確認をします。しかし，子どもによって言っていることが違うので，その場でケンカになってしまったり，余計にこじらせてしまったりしたこと，ありませんか？

　それは，教師が事実を把握しないままに，当事者全体で確認してしまったからです。まずは，個人で事実確認をすることが大切です。一人一人の考えを受け入れて，何があったか確認しましょう。この場面で，子どもによって言っていることが異なることがありますが，追及はしません。その後，当事者全体で事実をすり合わせていきます。その時に事実を確認します。事実の確認がとれたら，トラブルを解決する手立てをとります。最後に個人で，何か言い忘れたことや納得がいかないことがないか確認します。

♥ スキルの使用例

　休み時間に遊んでいてケンカになってしまいました。3人とも興奮していて，話し合いが成り立ちません。ここでスキルの発動。

　まずは1人ずつ確認。ルールの行き違いがあることがわかりました。その次に当事者全体で確認。相手の意見に納得し，お互いに謝罪しました。最後に個人。3人とも納得したので，解決することができました。

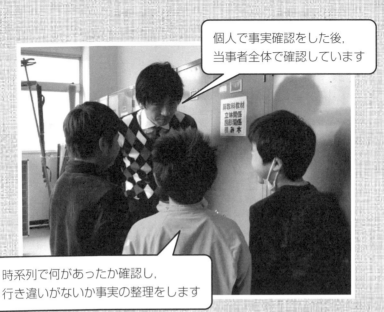

個人で事実確認をした後,
当事者全体で確認しています

時系列で何があったか確認し,
行き違いがないか事実の整理をします

ちょこっとスキル

❶ 個人で事実確認をする（人によって事実が違っても追及しない）。
❷ 当事者全体で何があったかを時系列で事実確認をする。
❸ 事実確認がとれたら,トラブル解決の手立てをとる（謝罪など）。
❹ 一人一人に話を聞き,納得したか確認する。

🗨 なんのためのスキル？

- ✓ 事実確認をして,トラブルを解決するため。
- ✓ 当事者全員が納得する解決をするため。

※当時同僚だった,緒方先生からの学びを参考にしました。

一体感・信頼感が芽生える 「担任も一緒に謝罪」

♦ こんなことありませんか？

　トラブルは，自分の学級だけで起きているわけではありません。時には，自分の学級の子が他の学年や学級の子とトラブルを起こすことがあります。また，他の学級の担任から指導を受けたり，迷惑をかけてしまうこともあります。トラブルを解決するために，子どもへの指導を終わらせた後，相手や，その担任に謝罪をしに行きます。

　こんな時こそ，自分の学級の子に教師の態度から学ばせるチャンスです。担任が一緒に謝ることで，自分のしてしまったことを見つめ直したり，子どもとの信頼関係をつくれたりすることができます。

♥ スキルの使用例

　掃除の時間，遊んでしまったことを他の学級の先生に叱られてしまいました。そこの掃除場所担当の先生は大変困った様子でした。本人と話をしたところ，反省をしているのですが，なかなか謝りに行くと言えません。そんな時にこのスキルを発動。

　「先生も一緒に謝りに行くよ。」

　一緒に謝りに行き，まずは教師から謝罪しました。すると，子どもは素直に謝ることができました。その後，2人きりになった時，「先生，ありがとう。ちゃんと謝れた。」と，スッキリさせて終わらせることができました。

担任も誠意を込めて一緒に謝罪します

安心感があるので，素直に
謝ることができます

ちょこっとスキル

① 子どもに事情を聞く。
② 「一緒に謝りに行こう」と，声をかける。
③ 担任が誠意を込めて謝罪する姿を見せる。

💬 なんのためのスキル？

- ✓ 子どもに謝罪する大切さを教えるため。
- ✓ 子どもの信頼を得るため。

前向きな気持ちを育てる
「成長する叱られ方」

♦ こんなことありませんか？

　子どもを叱った時に，反抗されたり，泣かれたりして，本当に伝えたいことが伝わらなかったこと，ありませんか？

　「叱る」のは，相手に成長してほしいという願いが込められています。その願いが伝わるように叱るにはどうしたらよいのでしょうか？

　それは，「叱られ方」を教えることが大切です。「叱られ方」と聞くと抵抗があるかもしれません。しかし，叱られ慣れしていないことが原因で伝えたいことが伝わらなければ子どもの成長につながりません。前向きな気持ちで成長できるように「叱られ方」もきちんと教えましょう。

♥ スキルの使用例

　子どもを叱った時，必要以上に落ち込んでしまい，伝わりませんでした。そこでこのスキルを発動。

　「成長する叱られ方を教えるね。」

　と，優しく声をかけました。

　「先生が叱るのはあなたに成長してほしいという願いがあるからだよ。」

　と，声をかけながら，叱られた時の５つのステップを教えました。

　子どもは，そのスキルのおかげで叱られてしまった時の対応の仕方を身につけ，成長につなげることができました。

叱られた時の子どもの対応の仕方を共通理解します

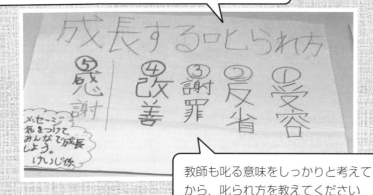

教師も叱る意味をしっかりと考えてから，叱られ方を教えてください

ちょこっとスキル

❶ 受容する…叱られたことを「そうだな。」と，受け入れる。

❷ 反省する…叱られたことを受け入れて，振り返る。

❸ 謝罪する…悪いと受け入れて，相手に勇気を出して伝える。

❹ 改善する…行いを改めて，自分の成長につなげる。

❺ 感謝する…愛があって叱ってくれたことへの感謝の気持ちにつなげる（私は，①〜④まで身につくように指導しています。⑤は，私でなく「他の方に叱られた時にできるといいね。」と伝えています）。

🗨 なんのためのスキル？

✓ 叱られたことを成長につなげる前向きな気持ちを育てるため。

✓ 伝えたいことを正しく伝えるため。

【参考文献】野口芳宏「野口流 教師のための叱る作法」学陽書房

信頼を伝えるマジックワード
「君らしくないよ」

♦ こんなことありませんか？

すぐに席を立って動く，後ろを向いて話を聞かないなど，子どもたちの望ましくない行動を見つけます。その都度，先生は注意して改善させるものの，次の時間にはもう…。何度繰り返したらいいんだ…。そんなこと，ありませんか？

それは，子どもたちが「マイナスを指摘されている」と感じたり，「先生は僕のことを困った目で見ている」と思ったりしてしまうからです。

子どもと先生との関係性が豊かであれば，子どもたちの心に響く指導になっていくことでしょう。子どもたちを受け入れ，認め，その上で指導していくような言葉がけが必要になります。そんなスキルがあれば，子どもたちは確かに変容していきます。

♥ スキルの使用例

授業中，態度の気になる子がいました。しかし，よく見ると一生懸命活動しているようです。そこで，このスキルの発動。

「いつも頑張っているのに，その姿勢は君らしくないよ。」

言葉をかけると，ハッとしたようで，態度を改めて学習に臨むことができました。

ちょこっとスキル

① 一生懸命に取り組む「心」を認め，励まし，称賛する。

② 「でも，その姿勢は君らしくないよ」と，伝える。

③ 頑張っているあなたらしい態度ではないことを具体的に伝える。

💬 なんのためのスキル？

✓ 子どもたちのやる気を，望ましい形で体現させるため。

✓ 子どもたちに，信頼していることを伝えるため。

保護者に安心感を与える
「事実連絡と変容連絡」

🔹 こんなことありませんか？

　保護者の方と顔を合わせると，「うちの子，大丈夫ですか？」と言われます。きっと，学校の様子が伝わっていなかったり，きちんと成長しているか不安な気持ちがあるのでしょう。

　保護者にとって，学校からの連絡がないことはとてもよいことですが，何もなければそれはそれで不安だったりするものです。「学校から連絡がくることは，何かトラブルがあった時」ではなく，日常的に保護者の方々へポジティブな連絡ができたらよいかもしれません。

🖤 スキルの使用例

　毎朝１〜２人ずつ連絡帳を回収します。名簿順など，順番を決めるとよいでしょう。

　その１〜２人の子どもの様子を１日観察し，頑張っていた事実の場面を切り取ります。また，その事実に対してどう思ったか，どのような成長を感じたかを添えて文章にします。

　簡単な文章でも，プラスの面に焦点を当てて子どもたちのことを見ている様子が伝わると，保護者へ安心感を与えることができるでしょう。

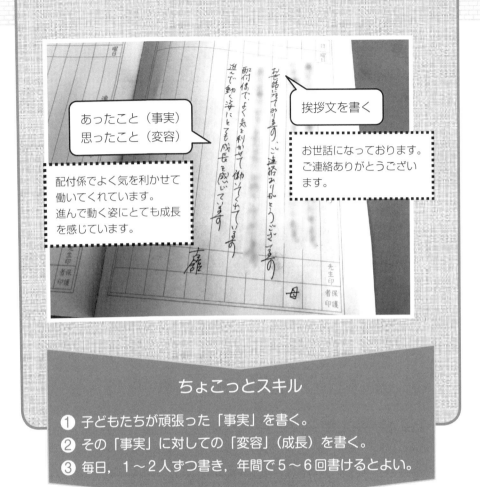

ちょこっとスキル

❶ 子どもたちが頑張った「事実」を書く。

❷ その「事実」に対しての「変容」（成長）を書く。

❸ 毎日，1～2人ずつ書き，年間で5～6回書けるとよい。

🗨 なんのためのスキル？

- ✔ 子どもたちの成長の事実を伝えるため。
- ✔ 保護者との信頼関係をより強くしていくため。

感謝の言葉をあふれさせる
「どうぞ・ありがとう」

🔹 こんなことありませんか？

　教室で感謝の言葉をあふれさせたいと思い，呼びかけるのですが，なかなか使おうとしてくれません。子どもも「ありがとう」の言葉を使うことが大切だと知っているのになぜ？

　そんな時は，「ありがとう」を使う機会をつくりましょう。プリントを配る時や，何かを貸す時などに，「どうぞ」「ありがとう」と言わせることです。機会をつくり，そのよさを体感させることで，感謝の言葉が少しずつ自然に使えるようになっていきます。

❤ スキルの使用例

　プリントを配る時のことです。いつも無言で配っていました。何気ない日常にこそ，「ありがとう」を増やすチャンスがあります。

　プリントを渡す時に「どうぞ」受け取る時に「ありがとうございます」という言葉を使わせました。

　感想を交流すると，子どもから，「よかった」との声がたくさん出ました。この活動を続けると，給食で配ってもらった時，グループ学習で協力した時など，いろいろな場面で，感謝の言葉を自然と使うことができる子が増えました。

ありがとう
ございます

どうぞ

ちょこっとスキル

❶ 最初は，教師が「どうぞ」子どもが「ありがとうございます」。

❷ 子ども同士で「どうぞ」「ありがとうございます」。

❸ さらに，子どもが「どうぞ」教師が「ありがとうございます」。

プリントを渡す時以外でも色々な場面で応用すると効果的。

💬 なんのためのスキル？

✔ 「ありがとう」を教室に増やすため。

※有田和正先生のご実践を参考にしました。

スキル **31** 仲間づくり

子どもに気持ちが伝わる「ほめる型」

♦ こんなことありませんか？

「よいところを伝えたいのにうまく伝えられない。」

そんな経験はありませんか？全体でも個人でも，よいところを伝える（ほめる）ことはなかなか難しいものです。「足が速い」「勉強ができる」のようなほめ方もありますが，内面のよさを伝えたいものです。

そんな時に，「出来事言葉＋気持ち言葉＋価値付け」で伝えてみてはいかがでしょうか？クラスやその子がとった行動を具体的に示し，教師のポジティブな感情を伝え，価値を付け加えることで，よさを伝えられるようになります。教師が使い続けると，子どもも使えるようになります。

♥ スキルの使用例

掃除を一生懸命にしていた子を学級で紹介しました。その子のよさを伝えたいと思ったその時にこのスキルを発動。

「○さんは掃除の時，階段の隅まで一生懸命拭いていたんだ（出来事言葉）。その場所を通った時，とても気持ちよかったです（気持ち言葉）。人のために役立つ行動ができる○さんは素敵だね（価値付け）。」

出来事と気持ちと価値を伝えることで，その子の内面のよさを全体に広げることができました。

なぜ，よいのか伝えるための「価値付け」がとても大切です

最後に「ありがとう」を付け加えると，さらに効果的です

ちょこっとスキル

① 「出来事言葉＋気持ち言葉＋価値付け」でよさを伝える。
② 難しい場合は，「出来事言葉＋気持ち言葉」だけでもよい。
③ 全体でも個人でも積極的に使う。

🗨 なんのためのスキル？

- その子のよさをその子や全体に伝えるため。
- よい行動を広げるため。

【参考文献】

菊池省三『小学校発！一人ひとりが輝くほめ言葉のシャワー』日本標準

赤坂真二『赤坂版「クラス会議」完全マニュアル　人とつながって生きる子どもを育てる』
ほんの森出版

素晴らしい考えを広げる
「もう一度きかせて？」

🔹 こんなことありませんか？

　教師が話をしていると，子どもから思いがけない素晴らしい答えが返って
くることがありますよね。教師はその言葉になんとなく反応するだけ。そん
なこと，ありませんか？

　せっかくよい言葉が出たのだから，子どもに広げたいものです。言葉を言
ってくれたその子に対して，

　「もう一度きかせて？」

　と，声をかけてみてください。もう一度言ってもらうことで，よい言葉を
広げることができます。

🖤 スキルの使用例

　ある日の朝の会のことです。運動会の表現はなんのためにあるのか話し合
っていました。すると，ある子が

　「私はね，見てくれている人に喜んでもらうためにやっているよ。」

　と言いました。素晴らしい意見！しかし，周りはあまり聞いていない様子
です。そこでこのスキルを発動。

　「もう一度きかせて？」

　その子がもう一度言うことで，周りは大切なことだと気づき，真剣に話を
聞くことができました。

「もう一度きかせて？」

少し前のめりになると，聞いている雰囲気がよりよくなります

ちょこっとスキル

❶ 子どものつぶやいた意見を聞きながら話をする。

❷ 素晴らしい意見が聞こえたら，
すかさず「もう一度きかせて？」と言う。

❸ 言ってくれたら，「素晴らしい考えだね。ありがとう！」
と言う。

🗨 なんのためのスキル？

✓ 素晴らしい考えや言葉を広げるため。

楽しい雰囲気をつくれる
「拍手」と「かけ声」

♦ こんなことありませんか？

　ゲームをしたり，楽しい話し合いをしたりしているはずなのに，なんだか暗い雰囲気。子どもの反応もいまいちよくありません。教師が明るい雰囲気にしようとするのですが，なんだか空回り。

　そんな時，学級全体で「拍手」をするだけで雰囲気は明るくなります。そして，拍手の後に，「せーの！」と教師が言い，みんなで「かけ声」を合わせると，さらに明るい雰囲気になります。かけ声は，「失敗しても？」「いいじゃない！」など，子どもと一緒に学級に合ったオリジナルのものをつくると，より楽しい雰囲気になります。

♥ スキルの使用例

　ある日，学級会でレクの話し合いをしようとしました。しかし，なんだか暗い様子。なんとか楽しい雰囲気にしたいと思い，このスキルを発動しました。先生が，「拍手！」と言ったら，拍手をし，「せーの！」と言ったら，「いいね！」と言うことを伝えました。

　「今から，学級レクの話し合いをします！拍手！！」（パチパチパチ）
　「せーの！」「いいね！」

　学級全体が拍手といいね！で包まれ，とても温かい雰囲気で話し合いを進めることができました。

ちょこっとスキル

① 雰囲気をよくしたい時に，教師が「拍手！」と言う。

② 子どもに大きな拍手をさせる。

③ 拍手が大きくなったら，教師が「せーの！」や「～は？」「失敗しても？」など，その後のかけ声が揃うための言葉を言う。

④ 子どもも教師も大きな声で「かけ声」を揃えて言う。

🗩 なんのためのスキル？

✓ 雰囲気を明るくするため。

※講演家の鴨頭嘉人さん，大嶋啓介さんの実践を参考にしました。

教室をホームにする
「いってらっしゃい・おかえりなさい」

♦ こんなことありませんか？

　専科の先生による授業が行われる時，教室移動があります。理科室や音楽室，英語ルームなどへ移動することがありました。

　休憩時間の中で移動しなければならないため，子どもたちを急かして並ばせたり，全員が揃っていないのに出発させたり，なんだかマイナスの指導が増えてしまいがちになります。そんなこと，ありませんか？

　そうなってしまうと，子どもたちは教室移動すること自体をネガティブに捉えてしまうようになります。年間で100回以上も同じようなことが続くと，よい気持ちで教室を出ることが難しくなるでしょう。

♥ スキルの使用例

　教室後方に整列したら，教師が先導するのではなく，子どもたちを見送る形で出発させます。一人一人に声をかけるつもりで，「いってらっしゃい」と見送ります。

　同じように，帰ってくる時間になったら教室で待機し，ちょっと声が聞こえたら教室から顔を出して出迎えます。そして，「おかえり！」と声をかけます。「どうだった？」「何の勉強してきた？」と子どもたちに問いかけます。笑顔で送り出し，迎え入れるようにし，教室が子どもたちにとって「安心できる場所」になるようにします。

ちょこっとスキル

❶ 教室移動の教科がある時は，出発したら「いってらっしゃい」と送り出す。

❷ 教室移動から帰ってきたら「おかえりなさい」と迎え入れる。

❸ できるならば，入り口で見送ったり，ハイタッチするとよい。

💬 なんのためのスキル？

✔ 教室を子どもたちの居場所にしていくため。

✔ 教師と子どもとの関係性を豊かにしていくため。

成長した姿を共有できる 「写真と言葉で可視化」

♦ こんなことありませんか？

　子どもの成長をほめて伝える方はたくさんいらっしゃいます。しかし，「その時だけで，すぐにもとに戻ってしまった」「他の子に広げることができない」そんなこと，ありませんか？それは，ほめて伝えることが音声の情報だけで，消えてしまうからです。

　そんな時は，成長を写真と言葉で可視化してみてはいかがでしょうか？掲示物として可視化することで，成長したことを視覚情報で伝えることができます。また，記録として残るので他の子の成長のモデルにもなり，学級全体に広げることもできます。

♥ スキルの使用例

　学校で支給されているようなデジカメを持ち歩くようにします。「1日に10〜20枚以上の写真を撮る！」などという目標を決めて，子どもたちの輝く姿をバシバシ撮ります。放課後，写真を見ながら，厳選して3枚程度印刷します（枚数や頻度はお任せ）。

　印刷したものを画用紙に貼り，言葉（ほめたいと思う姿や目指す姿をあらわす「価値語」）を添えて黒板に掲示します。翌日の朝，写真の説明をしてほめて伝え，壁に掲示するようにします。

ちょこっとスキル

❶ 子どもたちの素敵な様子を写真に撮り，Ａ４サイズで印刷する。

❷ 八つ切画用紙に貼る。

❸ 写真に言葉（価値語）を添えて掲示する。

💬 なんのためのスキル？

- ✓ 子どもの成長を可視化して伝えるため。
- ✓ 成長モデルを学級に広めるため。

【参考文献】菊池省三ほか著『価値語100ハンドブック』中村堂

物も仲間も大切にできる
「アイテムネーミング」

♦ こんなことありませんか？

　何気なく使っている机や椅子も，先輩が使い，後輩が使っていくものです。家庭で買ってもらった文房具や，上履きも同じように大切にしたいものです。そして，物を大切にすることで人を大切にする気持ちを育てます。

　そこで，物に対して愛着が湧くようなユーモアあふれる取り組みをすると，子どもたちも物を大切にするようになります。物を大切にする態度を育てることで，自然と仲間を大切にする態度が養われます。

♥ スキルの使用例

　教室にある物や，授業で使うグッズに名前をつけます。
- ピンクのタイマー…ピン君
- 白のタイマー………ホワイ子
- ミニ観葉植物………バンブーちゃん（そのまま）
- 宿題等回収カゴ……どりょ君（努力）

　上記のように，ほぼダジャレ的につけるようにしました。いくつかネーミングすると，子どもたちからもアイディアが出されるようになります。一緒に考え，教室の仲間を増やしていくと，愛着をもって物を大切に思うようになります。

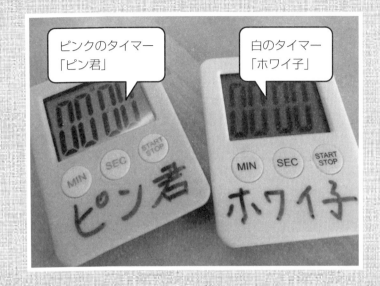

ピンクのタイマー
「ピン君」

白のタイマー
「ホワイ子」

ちょこっとスキル

❶ 色を使って名前をつける。

❷ タイマーやマグネット等，授業でよく使うものをネーミングする。

❸ 子どもたちと考えるとユニークな名前が出る。

💬 なんのためのスキル？

✓ 教室に対しての親近感をもたせる。

✓ ネーミングを通して豊かな関係性を意識させる。

思わず笑顔があふれる
「突然マイク」

🔸 こんなことありませんか？

　指名したり，順番で話さなければならないのに，黙って立ったまま話せない子はいませんか？このような場合，当然のように「空気が固く」なります。少しでも柔らかくし，話す・聞く雰囲気をつくらなければいけません。

　そこで，そんな子に「突然マイク」を向けてみてはいかがでしょうか？

　マイク（100円均一で購入）を用意して，ヒーローインタビュー的にマイクを向けるようにします。すると，前に出た子どもも，何か言わなければ…という気持ちになります。マイクをもたない子は，話を聞くことになるので，聞く姿勢をとることで，笑顔があふれ，安心して話ができる雰囲気をつくることができます。

💛 スキルの使用例

　給食の時間，突然前に立つ子がいました。しかし，もじもじして何も言う様子ではありません。そこで，マイクをその子に向けました。すると，

　「○○さんの誕生日を祝います。牛乳をもってください！」

　と，言うことができました。

　日頃からの，マイクを向けられたら話し，それ以外の子は聞く姿勢をつくる指導が生きました。

ちょこっとスキル

① 人前で話す時に，マイクを渡す。
② マイクをもっている人以外は話さない（聞くこと）。

🗨 なんのためのスキル？

✓ 話す人，聞く人の区別をもたせ，聞く姿勢をとらせるため。
✓ マイクをもつことで，「話さなければ」という意識を高めるため。

【参考文献】赤坂真二『赤坂版「クラス会議」完全マニュアル　人とつながって生きる子ど
　　　もを育てる』ほんの森出版

子どもの心が落ち着つく
「隙間時間はとにかく読書」

🌢 こんなことありませんか？

　学級が落ち着かず，ざわざわした雰囲気です。ざわざわした雰囲気がある時こそ，隙間時間にトラブルが起きます。

　そんな時，とにかく読書をすることをオススメします。隙間時間に読書をさせることで，何もない時間をなくすことができます。それだけではありません。読書には，心を落ち着かせる効果があります。この2つの効果を有効に活用することで，落ち着いた雰囲気にすることができます。

♥ スキルの使用例

　給食の準備の時間にいつもトラブルが起きます。そこでこのスキルを発動。「給食を待つ時は，読書をしましょう。」

　立ち歩くことがなくなったのでトラブルが減りました。しかし，数日経つと読書をする雰囲気がなくなってしまいました。

　そこで，図書室に本を借りに行く時間を増やしたり，クラスで読む月間目標を決めたりする工夫をしました。このような取り組みを積み重ねることで，給食の待ち時間だけでなく，隙間時間に読書をする雰囲気が生まれました。続けることで，子どもは落ち着いた雰囲気で過ごせるようになりました。

隙間時間に読書をする
取り組みをします

積み重ねると，学級は落ち着いた
雰囲気になります

ちょこっとスキル

❶ 隙間時間に読書をする呼びかけをする。

❷ 隙間時間に読書をするための工夫を積み重ねる。

💬 なんのためのスキル？

- ✔ 読書を通して落ち着いた雰囲気にするため。
- ✔ 余計な隙間時間をなくすため。

わからない言葉調べのための
「国語辞書は机上ルール」

♦ こんなことありませんか？

　「先生！○○の意味を教えてください。」「先生！△△の漢字の書き方を教えてください。」わからないことがあると，気持ちが落ち着かないので，授業中でもすぐに質問してしまいます。質問が多く飛び交ってしまうと，さらにざわざわした雰囲気になってしまいます。

　そんな時は，辞書を積極的に使わせてみましょう。机の上に置かせ，サッと使えるようにすることがコツです。すると，自分の力でわからないことが解決するので，疑問が解消して気持ちを落ち着かせることができます。それだけではありません。余計な質問を減らすことで学級の雰囲気も落ち着きます。

♥ スキルの使用例

　授業中にいつも質問されます。授業を中断して，対応しなければいけません。他の子はざわついてしまい，なんだか落ち着きません。そこで，
　「わからないことは机の上の辞書でいつでも調べていいですよ。」
　余計な質問が一気に減りました。しかし，それでも質問する子はいます。
　「辞書使ってみた？」
　と，声をかけ続けることで，自分で調べることができるようになりました。続けることで，学級は落ち着いた雰囲気になりました。

コツは，辞書をすぐに使える
環境にすることです

ちょこっとスキル

❶ 机の上に辞書を置かせる。

❷ わからないことはすぐに調べさせる。

❸ 質問があった時は，「辞書で調べてみた？」と尋ねる。

🗨 なんのためのスキル？

- ✓ 疑問を解消させて気持ちを落ち着かせるため。
- ✓ 余計な質問でざわついた雰囲気をなくすため。

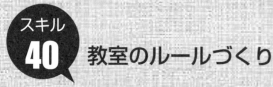

必要なものがサッと取り出せる
「机の横に小さい手提げ」

♦ こんなことありませんか？

　すぐに本を読ませたり，辞書を使わせたりするのに，それらを子どもの近くに置いておく環境をつくれないことがありませんか？

　そんな時は，「小さい手提げ」を机の横にかけることをオススメします。

　この手提げに，本や辞書を入れておくだけでサッと取り出せます。必要があれば，その他のものを入れておくのもよいでしょう。「小さい手提げ」にすることで，床につかないようにさせたり，必要なものだけを入れさせたりすることができます。

♥ スキルの使用例

　授業中に辞書ですぐに調べさせたいのですが，配付プリントも多く机の上に置いておくわけにはいきません。そんな時にこのスキルを発動。

　「辞書の入る，小さめの手提げをもって来ましょう。」

　小さめの手提げを机の横にかけることで，すぐに辞書を用意する環境をつくることができました。

小さめの手提げの中に本や辞書を入れておきます

ちょこっとスキル

① 小さめの手提げを用意させる。

② 必要なものだけを手提げに入れさせる。

③ 机の横にかけておき，必要な時にサッと取り出させる。

🗨 なんのためのスキル？

✓ 必要なものをすぐに取り出すため。

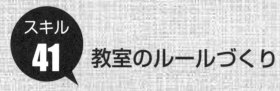

時間通りに授業を開始させる
「3分前着席，ピッタリ号令」

♦ こんなことありませんか？

　休み時間が終わったのに，なかなか席に着きません。席に着いたとしても，なかなかあいさつしないので，授業を始められません。

　そんな時に，

　「3分前着席，ピッタリ号令」

　という合言葉を使うようにしましょう。合言葉を使って呼びかけるだけで自然とできるようになります。「3分前」の部分は，学級の実態によって変えてもよいでしょう。

♥ スキルの使用例

　授業の開始時刻をいつも守れません。そこで，このスキルを発動。

　「3分前着席，ピッタリ号令で始めましょう！」

　と呼びかけました。すぐにはできませんが，意識できる子が増えてきました。すると，子どもから自然に

　「3分前だから座ろう！」「日直！ピッタリに号令かけてね。」

　という呼びかけが始まりました。

　合言葉を教師が使うことで，子どもが自然と時間を意識し，行動に移すことができました。

「3分前着席，ピッタリ号令」で始めよう！

この合言葉，自分たちも使おう

ちょこっとスキル

❶ 「3分前着席，ピッタリ号令」の合言葉を子どもに教える。
❷ 教師が積極的に使って呼びかける。
❸ 成功したら教師が喜ぶ。
❹ 子どもたちが合言葉を使ったらさらに喜ぶ。

🗨 なんのためのスキル？

✔ 自分たちで時間を意識して行動するため。

スキル 42 教室のルールづくり

自然に全員が着席する「先活（サキカツ）」

♦ こんなことありませんか？

　授業開始時刻になっても，遊びに行って帰ってこない子がたくさんいました。注意しても，なかなか改善されません。そんなことはありませんか？

　そんな時，授業開始と同時に「サキカツ」をしてみたらいかがでしょうか？

　開始時刻がきたら，漢字ドリルや計算ドリルを進めるようにさせます（実態によってミニプリントや100マス計算などでもよい）。すると，遅れてきた子は，その分進みにくくなるので，次回から早く帰ってくるようになります。「活動を先にする」ことで，時刻を守るというルールを定着させていきます。

♥ スキルの使用例

　数分遅れて「すみません！」と教室に入ってきたものの，「トイレ行ってきていいですか？」「水飲んでいいですか？」とさらに数分待つことになりました。その間，周りの子たちは待っていることになりました。注意したり，反省させたりしても，何度か続きました。

　そこで，多数の待っている子に「サキカツ」をさせました。「サキカツ」をして待っていると，教室は集中した雰囲気になります。遅れて入ってきた子も，その雰囲気を感じて次からは遅れないように気をつけることができました。

ちょこっとスキル

❶ 授業の開始と同時に，個人活動（サキカツ）を位置付ける。

❷ 5〜7分程度の活動にする。

❸ ドリルやプリントなど，短時間でできるものを用意する。

🗨 なんのためのスキル？

- ✔ 授業のスタートの時間を大切に使うため。
- ✔ 集中し，気持ちを落ち着けて授業をスタートさせるため。

見通しをもって活動できる「ナンバリング」

♦ こんなことありませんか？

「先生，次は何をやったらいいですか？」「先生終わりました！次は…」「先生！」と，子どもたちが次から次へ押し寄せ，何度も同じ説明を繰り返すことありませんか？

基本的に子どもたちはやることが明確になっていればその活動に取り組みます。活動の全体像を端的に示すことで，子どもたちは活動の流れがわかり，落ち着いて取り組むようになるのです。

何より，ナンバリングを用いて指示を書くことで，教師自身が活動の見通しをもつことができます。

♥ スキルの使用例

黒板の右から，活動の時刻や時間を書くようにします。時間の全体像を示します。次に縦書きで，①から順に活動の内容を書くようにします。なるべく1行におさめるように書きます。「〜を〜して」のように書かず，内容をズバリ書きます。

隙間を空けて書くことで，追加の指示や要点を書くことができます。プリントをマグネットクリップで束ねて貼っておくと，子どもたちが自分でもって行って活動できます。

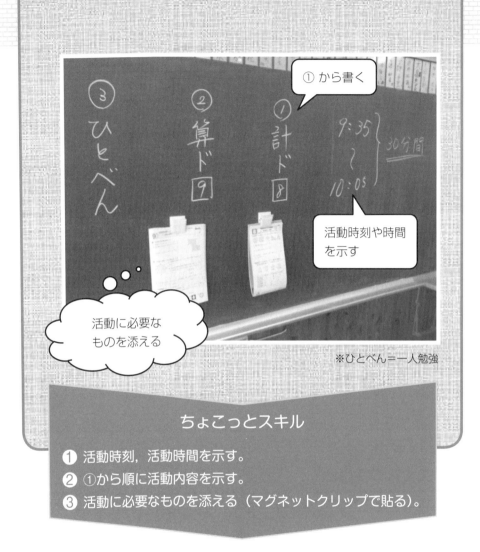

※ひとべん＝一人勉強

ちょこっとスキル

❶ 活動時刻，活動時間を示す。
❷ ①から順に活動内容を示す。
❸ 活動に必要なものを添える（マグネットクリップで貼る）。

🗨 なんのためのスキル？

- ✔ 子どもたちが「見てわかる」活動にするため。
- ✔ ナンバリングして端的に示し，わからないところを子どもたち同士で声
をかけ合えるようにするため。

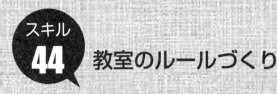

思考を働かせてやりたくなる
「穴埋め指示」

♦ こんなことありませんか？

　子どもたちに声をかけて指示をすると，活動できるようになりました。ある時，教室に行けない時間があったので，黒板に活動の流れや説明を書いておきました。しかし，教室に戻ると，半分くらいの子しか活動を終えておらず，話をしていました。指示だと活動できるのに，なぜ？

　それは，黒板の文字を指示として認識できなかったからです。そんな時は，黒板の文字を認識できるよう，「穴埋め指示」をしてみたらいかがでしょうか？ゲーム感覚で指示を与え，思考を働かせられるので，文字だけからも考えながら活動することができます。

♥ スキルの使用例

　朝の活動の時間，教室に行けない用事ができてしまいました。そこで，あらかじめ黒板に「穴埋め指示」をしました。

　「朝活の時間，ついに○○○とお別れです。机の上に○○○を用意してください。」文字の情報から「何が入るんだ？」と思考し，考えて活動することができました。

　（○○○には子どもたちが培養してきた EM 菌という言葉が入り，ここでは培養したこの菌を用いて清掃を行うので準備することを指示しています。）

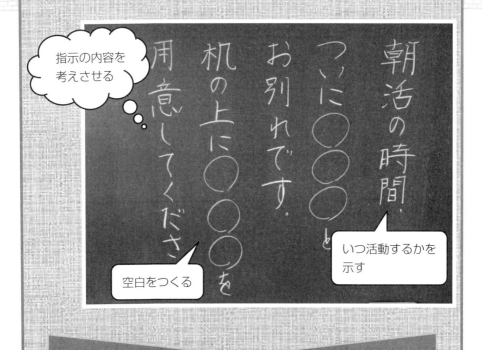

ちょこっとスキル

❶ いつ活動するのかを示す。

❷ 空白をつくって指示を出す。

❸ 「漢字2文字です」や「予定表を参考に」などのようにヒントを与えてもよい。

🗨 なんのためのスキル？

- ✓ 黒板に書いてある指示に従って行動できるようにするため。
- ✓ 空白を考えることで，指示に対して能動的に活動させるため。

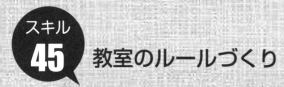

子どもが静かに聞くマジックワード「ありがとう・うれしいよ」

◆ こんなことありませんか？

前に立って話をしようとしても，子どもの顔が上がらなかったり手いたずらをしたりして，聞く態度がよくないことはありませんか？

注意してみたり，その子の近くに行って無言の指導をしたり，静かになるまで黙ってみたり…。色々な方法で静かにさせてきましたが，子どもたちは「空気を読んで静かにしている」だけであって，心から聞こうとしません。

そんな時，聞く意識を高めるマジックワードが「ありがとう・うれしいよ」です。話を聞くことはコミュニケーションです。相手も自分も気持ちよくコミュニケーションがとれたら，こんなに素晴らしいことはありません。

♥ スキルの使用例

話し始めたら，少し間をとりました。その間に気づく子が数人いて，パッと顔をあげました。その瞬間，「ありがとう」と言いました。子どもたちは，何がありがとうなんだろう？と疑問の表情をしています。すかさず，「何にありがとうだと思う？」と問いました。「聞き方ですか？」と返ってきたら，「聞き方がよくてさ，ありがとうって思ったんだよね。」「そうやって聞いてくれてうれしいなあ。」と伝えました。すると，自然と温かく話を聞く雰囲気になりました。

ちょこっとスキル

① 「ありがとう」と話し始め，「〜してくれて」と伝える。
② 「うれしいよ・うれしいなあ」と気持ちを伝える。

🗨 なんのためのスキル？

- ✓ 人の話を傾聴しようとする子どもを育てるため。
- ✓ 礼儀正しく聞くことは，相手を喜ばせることと実感させるため。

教室の雰囲気をピシッとさせる
「掲示物の４点止め」

♦ こんなことありませんか？

　自分の学級が落ち着かない時に掲示物を見てください。掲示物が「２点止め」になっていないでしょうか？２点止めただけでは，時間が経つと掲示物の端がよれたり，曲がったりしてしまいます。すると，子どもたちの落ち着かない雰囲気につながります。たかが掲示物といって，おろそかにしてはいけません。

　一手間かけて掲示物を全て「４点止め」にしましょう。掲示物は時間が経ってもピシッとしたままです。子どもたちの雰囲気によい影響を与えます。

♥ スキルの使用例

　今までは，時間短縮のために掲示物を「２点止め」にしていました。すると，時間の経過とともに端がよれてきたり，風でめくられてパタパタ音を立てたりして，視覚的にも聴覚的にも悪い影響があることに気づきました。

　そこで，掲示物を全て「４点止め」に変えました。

　掲示物を貼る時間はほとんど変わりません。しかし，掲示物がピシッとしたので，雰囲気もピシッとなりました。

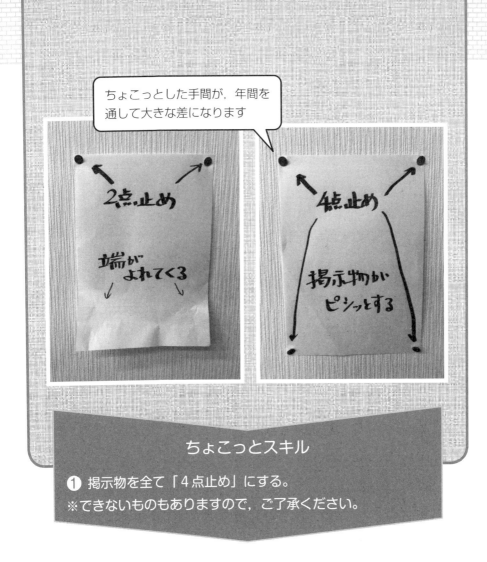

ちょこっとスキル

❶ 掲示物を全て「4点止め」にする。

※できないものもありますので，ご了承ください。

🗨 なんのためのスキル？

✓ 環境的要因で悪影響を与えないため。

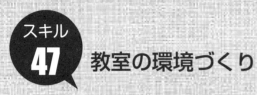

個人で物を管理する
「ロッカーの中のファイル立て」

🌢 こんなことありませんか？

　ファイルや資料集など，家に持ち帰らない学習用具があります。集めて一括で管理し，その学習用具を使う前の休み時間に配って使っています。

　しかし，その学習用具が必要な時間は移動教室。配る時間をとれません。また，集め忘れてしまった子の学習用具が見つからず，焦って探している。そんなことはありませんか？

　そんな時は，「ファイル立て」をロッカーに設置することがオススメです。持ち帰らない学習用具を個人で整理して管理することができます。100円均一で買うことができます。

❤ スキルの使用例

　音楽の時間に学習ファイルとリコーダーを音楽室にもって行き，使っています。一括で管理しているので配るのですが，時間がかかってしまい，音楽の時間にギリギリになってしまいます。そこで，「ロッカーの中にファイル立て」を置き，個人で管理しました。

　短い時間ですぐに自分で準備ができるようになりました。さらに，他の学習用具もきれいに整頓して管理できるようになりました。

A4のファイル立てを置いて、このように整理させます

ランドセルを置いた時のイメージです

ちょこっとスキル

❶ A4のファイル立てを1人1つ用意する。
❷ ロッカーに入れてファイルや資料集等を管理させる。
❸ 時々、学級全体で整理整頓する時間をとる。

💬 なんのためのスキル？

✓ 家にもち帰らない物を個人で管理させるため。
✓ ロッカーをきれいに整頓させるため。
✓ 回収する時間と配付する時間をなくすため。

教室の環境づくり

いつでもどうぞ
「子ども自由ボックス」

🜄 こんなことありませんか？

　子どもの自由な発想を生かしたり，決まりごとをまとめたりするために，掲示物を書いてもらうよう，お願いすることがあります。その時に

　「先生！ペン貸してください！」「ガムテープはありますか？」

　と，物を借りにきます。礼儀正しくていいのですが，大人数の時やこちらが忙しい時は，対応しきれません。その子の対応を後回しにしているうちに，子どものやる気を削いでしまったことはありませんか？

　そんな時は，道具を自由に使える「子ども自由ボックス」がオススメです。道具の管理のために最低限のルールは，決めておきましょう。

❤ スキルの使用例

　社会科の時間に模造紙に学んだことをまとめる活動をします。あるグループは，休み時間もやりたいと，やる気に満ちあふれています。

　「先生！ペン貸してください！」

　と言った時にこのスキルを発動。

　「このボックスの中のものは断らないで，自由に使っていいよ。」

　自分たちで使いたい時間に使うことができたので，充実した掲示物をつくることができました。

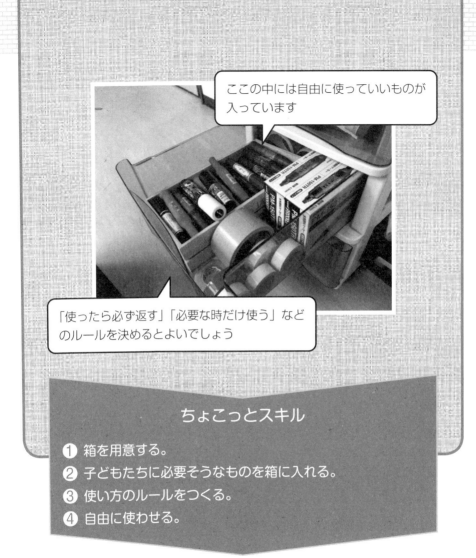

ここの中には自由に使っていいものが
入っています

「使ったら必ず返す」「必要な時だけ使う」など
のルールを決めるとよいでしょう

ちょこっとスキル

① 箱を用意する。
② 子どもたちに必要そうなものを箱に入れる。
③ 使い方のルールをつくる。
④ 自由に使わせる。

💬 なんのためのスキル？

- ✔ 子どもの自由な発想を途切れさせないため。
- ✔ 教師の負担を減らすため。

教室和らぐ
「花と植物」

♦ こんなことありませんか？

シンプルなものがよい，掲示物はキチッと貼るなど，きれいな教室環境を整えてきました。しかし，「どこか殺風景だなあ」と感じたり，「何か温かさや柔らかさがほしいなあ」と思ったりしたことはありませんか？

そんな時，教室の片隅に，「花と植物」を置いてみてはいかがでしょうか？

誤ってぶつかったり倒したりしないような場所を決め，植物コーナーをつくります。小さなものでもよいので，いくつか買い揃えて飾ります。

花は，束で飾れるような花瓶を買ったり，一輪挿しでさらっと飾れるような花瓶などを揃えます。そして，校庭からタンポポを採ってきたり，折れて落ちていた桜の枝などを飾ることで，教室の雰囲気が和らぎます。

♥ スキルの使用例

ある４月の授業参観の時，学年主任の先生が「庭で採ってきたやつだけど，よかったら飾って！」と立派な花束をもってきてくれました。その花束があるだけで，一気に教室の雰囲気が変わったように感じました。

それ以降，観葉植物を買ってきたり，花を飾ってみたりするようにしました。子どもに水やりなどの管理をお願いし，学級全体で和らいだ雰囲気をつくることができました。

切り花は，
日の当たらない
場所に置く

様々な種類を
用意する

植物コーナーを
窓際につくる

教室の環境づくり

ちょこっとスキル

① 窓際に植物コーナーをつくる。

② 種類は多めに（100円均一でも手に入る！）。

③ 切り花は日に当たらないように置くと長持ちする。

🗨 なんのためのスキル？

✔ リラックスして学習に取り組めるようにするため。

✔ モチベーションや生産性を高めて学習に取り組めるようにするため。

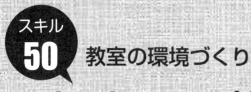

スキル 50 教室の環境づくり

オーナーシップをもたせる
「掲示物は子ども作」

♦ こんなことありませんか？

- 4月に掲示したファイルが，1年間その位置に根付く。
- そのファイルには，授業参観が近づくと新しいものが入る。
- 図工の作品や書写の作品など，放課後に教師が一生懸命貼る。
- 係カードは貼られるが，活動に関する告知やポスターはあまり貼られない。

そんなこと，ありませんか？

また，授業研究会があると，授業の記録を1時間目から並べて貼ることもあります。そんな様子を見ていて，「教師のための掲示物」だったなと振り返りました。多少でこぼこでも，子どもがつくった，思いのこもった掲示だったらいいなと思いませんか？

♥ スキルの使用例

掲示物を子どもたちにつくってもらい，貼るところまで任せます。どうしても教師がつくる場合は，どこに貼るかを子どもたちと相談して決めるとよいでしょう。「教室は先生だけのものではありません。この教室は，みんなのものでもあります。」と話し，子どもたちにも大いに関わらせるようにしましょう。「貼ってくれる？」と頼めば，子どもたちは一生懸命に貼ろうとします。そのまっすぐな心を大切に掲示物を貼らせます。

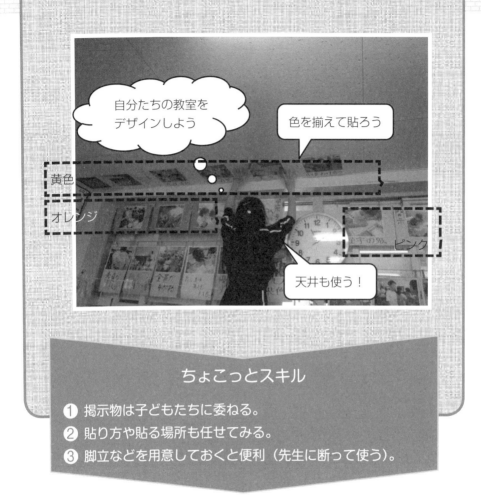

ちょこっとスキル

① 掲示物は子どもたちに委ねる。
② 貼り方や貼る場所も任せてみる。
③ 脚立などを用意しておくと便利（先生に断って使う）。

💬 なんのためのスキル？

- ✓ 自分たちの教室を自分たちでつくる意識をもたせるため。
- ✓ 掲示物を風景にせず，思いのこもった作品にするため。

活動の幅が広がる「作業用長机」

♦ こんなことありませんか？

　係活動を進める際，床に座って画用紙に書くのですが，時間が来ると片付けをしなければならず，思うように活動が進んでいませんでした。

　そんな時，子どもたちが自由に使える机があったらいいと思いませんか？

　空き教室で，古くてほとんど使っていないような長机等を探します（勝手に取ってきてはいけません！）。教室の後方スペースや廊下の一角に置いて（防災法の範囲内で），作業用スペースとして子どもたちに提供します。

♥ スキルの使用例

　学級の掲示物を休み時間につくっています。しかし，準備と片付けに時間をとられてなかなか思うように進みません。そんな時にこのスキルを発動。

　「この机の上なら物を広げっぱなしでもいいよ。」

　準備と片付けの時間がなくなったことで，作業効率がはかどり，子どもの発想で素晴らしい掲示物をつくることができました。

ちょこっとスキル

① 作業用の長机を2台用意して使う。
② 区切りがつくまではいちいち片付けなくてもよいことにする。
③ 時間を守ることを約束する。

🗨 なんのためのスキル？

- ✓ 休み時間を活用して係活動に取り組ませるため。
- ✓ 時間と場所を確保し，活動しやすい環境を整えるため。

ノートやプリント提出時に役立つ「隅っこ机」

♦ こんなことありませんか？

　授業の度にノートを回収するのはよいのだけれど，集めたノートの置き場所に困るようなこと，ありませんか？また，朝の回収物が多く，教卓だけでは収まらずに給食の配膳台を使ったりすること，ありませんか？

　学校では，毎日のように何かを集め，チェックし，返却しています。置き場所，回収場所を決め，毎回そこに積むようにすると，目を通す優先順位が明確になったり，溜めすぎたりせずに返却できます。

　しかし，教卓や教師用机はできるだけ授業用にすっきりさせていたいものです。そんな時は，児童用机を1台教室に用意し，移動させて使う机として機能させるとよいでしょう。

♥ スキルの使用例

　「提出物は，『隅っこ机』にお願いします。」と声をかけておきます。黒板下や，出入り口付近に置いておき，それが『隅っこ机』だと教えて提出させるようにします。

　そのうち，教卓横に置いてノートを回収した時に使ったり，チェックする時には教師用机の横に移動して作業スペースを広くして活用したりします。

　「回収物はここに集める」と決めておくことで，溜まりすぎないようになります。チェックの優先順位も自ずと明確になります。

ちょこっとスキル

① 使っていないような机を一台借りてくる。

② 集めたものの一時避難場所として使う。

③ 教卓横に置いたり，黒板下に置いて活用する（移動させて使う）。

🗨 なんのためのスキル？

- ✔ 教卓を常にスッキリさせ，次の授業へ意識を切り替えるため。
- ✔ 後まわしにしないため（隅や端に積まない）。

教師の考えで大きく変わる「1年後の姿」

♦ こんなことありませんか？

　学級経営をしていると，忙しさに追われ，気づいたら1年経ってしまいます。1年後に自分のクラスを見た時に「何も成長させられなかった。」と，愕然としたことはありませんか？

　それは，1年後の姿を具体的にもたないまま学級経営に臨んでしまったからです。何事もゴール像がなければ，そこに向かって行動することはできません。1年後の学級の姿をシンプルな言葉を使い，一言で表すことができれば，1年間の学級経営が変わってきます。

♥ スキルの使用例

　今まで，年度始めは事務仕事に追われて忙しく，自分の学級に向き合う時間をとれませんでした。「それではいけない！」と思い，このスキルを使いました。

　「1年後の姿を一言で」

　この答えをシンプルに語るのはものすごく難しいことでした。色々な人と話しました。本を読みました。ずっと考え続けました。そしてたどり着いた答えが「人を大切にできるクラス」でした。

　この言葉を意識して学級経営に臨むことで，実践一つ一つの重みが変わりました。

できるだけシンプルな言葉で，一言で
表せるようにしましょう

1年後の姿
人を大切に
できるクラス

この姿を実現させるために学級経営をする
ことで，1年間の取り組みが変わります

ちょこっとスキル

❶ 「1年後の姿」をできるだけ具体的に思い描く。

❷ シンプルな言葉を使い，一言でまとめる。2つ3つになっ
てもよい。

❸ この姿の実現を目指し，1年間の学級経営をする。

🗨 なんのためのスキル？

✔ 1年間の学級経営を効果的なものにするため。

✔ 自分自身と向き合い，学級経営に臨むため。

学級に影響大の
「教師の願い」

💧 こんなことありませんか？

　授業や行事に教師が一生懸命になって取り組みます。しかし，なかなか子どもは期待通りに動いてくれません。教師と子どもの温度差を感じ，気づいたらなんだか日々をこなすだけになってしまっていました。

　教師と子どもの温度差，それは，「願い」が伝わっていないことが原因です。教師が願いを語らなければ子どもには伝わりません。願いが伝わるからこそ，教育活動は活発になるのです。すぐには伝わらないかもしれません。しかし，年間を通して，願いを語り続けることで，子どもに伝わっていきます。もし，願いがないのであれば，「願い」と向き合ってみてください。

🖤 スキルの使用例

　教師として，子どもが「人を大切にする」人に育ってほしいという願いがあります。教育活動全てがそこにつながっていると考えています。行事，課外活動など，特別な指導をする前や，朝の会や授業など日常的な活動などで，少しずつ時間をとり，「願い」を語り続けてきました。そして，教師から進んで人を大切にする態度をとります。

　すると，子どもたちにその願いは少しずつ伝わり始めました。人を大切にする言葉，態度，行動，それが子どもに伝わり，学級に「人を大切にする」雰囲気が広がりました。

「願い」は，語ることで伝わります

人を大切にする

日常生活や行事など，様々な
場面で語ることが大切です

ちょこっとスキル

① 教師が「願い」をもつ。
② 年間を通して，様々な場面で語る。
③ 「願い」が届いた場面を見つけたら，「ありがとう」と言う。

🗨 なんのためのスキル？

✓ 教師の「願い」を子どもに伝えるため。

子どもと教師の願いでつくる「学級目標」

♦ こんなことありませんか？

「かっこいい学級目標をつくったのに，なんだか飾りになってしまった。」「子どもたちがつくったのに全く意識できていない。」

それは，学級目標に「願い」が乗っていないからです。

４月の最初から教師の「願い」を語り，子どもを成長させる「言葉」をたくさん教えることで，学級目標に「願い」が乗ります。何か指導をする時に「願い」が乗った学級目標に立ち返ることで，指導が効果的になります。

♥ スキルの使用例

毎年，学級目標をつくるのですが，なかなか効果的に使えません。そこで，子どもと教師の「願い」を乗せるために，このスキルを使いました。

子どもと教師の「願い」を学級経営に反映させたことで，子どもは目標を意識するようになりました。子どもだけではありません。教師である私も大切にしました。日常や授業，行事の時に常に振り返り，目標に向かって成長していく声かけや指導をすることができました。トラブルやうまくいかない時も学級目標に立ち返りました。

「願い」を乗せた学級目標にしたことで，目標に向かって成長することのできる１年になりました。

子どもと教師の「願い」を乗せてつくります

31人全員が ◯◯◯◯◯◯◯◯◯◯◯◯
人のために努力し 助け合い成長 できるクラス

「成長」という教師の願いも入れて
もらいました

ちょこっとスキル

① 学級開きからできるだけたくさん，教師の「願い」を語り，
子どもが成長するための「言葉」を教える。

② 「願い」が伝わり始めた6月頃に目標をつくる。

③ 子ども中心で決めさせるが，最後に教師の言葉も入れても
らう。

④ 「単語」ではなく「文章」の形にする。
（私の経験的に文章が効果的だと感じます。）

⑤ 指導の度に振り返る。

🗨 なんのためのスキル？

- ✓ 効果の高い学級目標にするため。
- ✓ 子どもと教師で学級をつくる「願い」を込めるため。

【参考文献】菊池省三，菊池道場『コミュニケーション力あふれる「菊池学級」のつくり方』
中村堂

教室の雰囲気を決める
「ふわふわ言葉・ちくちく言葉」

♦ こんなことありませんか？

「教室に温かい言葉を増やしたいのになかなか増えない。」「気づいたら，人を傷つける言葉が飛び交っていた。」

そんなことはありませんか？それは，使う言葉について具体的に示していないことが原因です。教室に増やすふわふわ言葉，教室からなくすちくちく言葉を話し合い，掲示物に示すことで，子どもたちは意識することができます。しかし，この実践がうまくいかなかった方もいらっしゃるのではないでしょうか？決めたことを教師が本気で信じることで，この実践は効果を発揮します。

♥ スキルの使用例

教室に，人を傷つける言葉が増えていました。言葉が原因で雰囲気が悪く，トラブルも絶えません。そこで，このスキルを発動。

「教室に増やすふわふわ言葉，教室からなくすちくちく言葉について話し合い，ベスト3を決めましょう。」

子どもからは，たくさんのふわふわ言葉とちくちく言葉が出ました。わかっていたのですが，言葉をこだわって使っていなかったようです。子どもたちが決めたことを教師が率先して意識しました。子どもと教師で本気で取り組むことで，教室で使う言葉が変わりました。

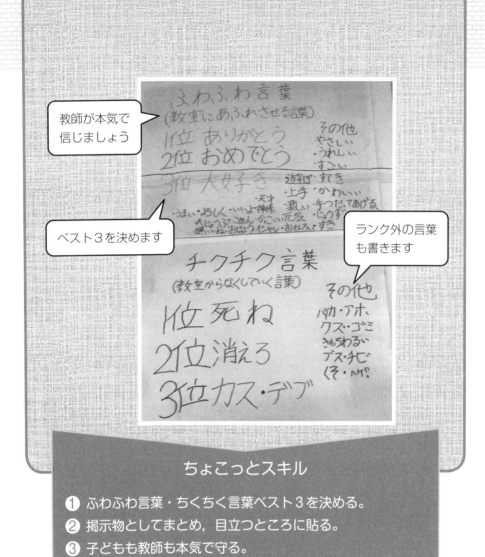

ちょこっとスキル

① ふわふわ言葉・ちくちく言葉ベスト３を決める。

② 掲示物としてまとめ，目立つところに貼る。

③ 子どもも教師も本気で守る。

🗨 なんのためのスキル？

- ✔ 教室に温かい言葉を増やすため。
- ✔ 言葉の力で雰囲気をよくするため。

※赤坂真二先生（上越教育大学）のご実践を参考にしました。

短期・中期・長期で考える
「指導の優先順位」

♦ こんなことありませんか？

　子どもたちと一緒に過ごしていると，目の前のこと一つ一つが気になり，あれもこれも口を出してしまう。そんなこと，ありませんか？「はい，座りましょう。」「ほら，まっすぐに。」「背筋を伸ばして。」「算数の教科書は？」「鉛筆削ってないじゃない。」「ノートも…。」こんな風にしていては，子どもたちのやる気はすぐに失せてしまうでしょう。

　子どもたちとの生活は1年間あります。その1年間の中で育てていくという意識が少ないため，目の前のことに，あれもこれも注意してしまうのです。「今」すべきか「半年後…」にすべきかを考え，何からどう着手するのかを考えてみるとよいでしょう。

♥ スキルの使用例

　プリントを返却した際，ある子がすぐに直しを始めました。見直しをしながら，正解していた問題も繰り返し練習しています。

　そんな様子を見ながら，「文字が雑だなあ…」と思ってしまいました。でも今は，この子がこうして反復練習に取り組んでいることを重視し，文字について指導することはやめました。「今ではない」と思ったのです。

　そして，その子が一通り練習し終わった後，その練習の様子を価値付けしました。その上で，個人的に文字の丁寧さにも触れて指導しました。

ちょこっとスキル

① 「365日ある」という意識をもつ。

② 「1学期・2学期・3学期」というステップの意識をもつ。

③ 「マイナスを正す」よりも「プラスへ導く」意識をもつ。

💬 なんのためのスキル？

- ✔ 今変わる指導と，これから変えていく指導を見極めるため。
- ✔ 指導の優先順位をつけることで，子どもたち一人一人に合った指導をしていくため。

指導のタイミングを図る
「見逃しと見過ごし」

🌢 こんなことありませんか？

　初任者研修の生徒指導の話の中で，「子どもたちはその場で叱ることがよい。後で言っても効果は薄い」ということを学びました。瞬間的な判断力が必要になり，子どもたちにとってもよいことだと思って話を聞いていました。

　しかし，何でもかんでもその場その場で言うことがよいことなのでしょうか？子どもたちも，子どもたちなりに自分のペースがあります。頑張っているところに水を差されるようなことは望んでいないはずです。

　知らなかったというような「見逃し」はあってはならないと思いますが，知っていた上で「見過ごす」ことも時には必要なのではないかと考えます。

🖤 スキルの使用例

　算数の時間に，少し複雑な計算をする時間がありました。写真の子は，「むずっ！」と言って友だちのところへ行った後，窓際の棚にノートを置き，黒板を見ながら一人で計算を始めました。

　私は，「机に戻ってやりなさい」とは言わず，こっそり後ろから見守りました。きちんと問題に取り組んでいたので，「今は見過ごそう」と思いました。机でやればよいことは確かですが，この子はきっと机に戻ると信じてみました。1問目が終わった後，この子は自分の席に戻って続きをしました。

棚で計算している

分数 × 分数は

席から
離れている

ちょこっとスキル

❶ 棚でやっていたことに関しては「見逃さない」で記録する。

❷ やることはやっているので「見過ごす」中で見守る。

🗨 なんのためのスキル？

- ✓ 子どもたちが変容していく過程の一歩に寄り添うため。
- ✓ 教師が子どもたちの成長を信じて見守るため。

子どもたちの心に響く
「『でも，よかった』思考」

♦ こんなことありませんか？

　子どもたちにマイナス行動があると，叱って反省させ，学級全体にシェアして終わることが多くあります。「次からは気をつけなさいよ。はい，教科書開いて…」のような場面です。

　しかし，この指導の仕方ではきちんとやっていた子たちを置き去りにしてしまうことが多くなります。叱られないため，注意されないためにきちんとするような子を生み出してしまいます。

　叱られるということは叱られない子が一定数存在しているということです。その子たちの心に響く指導ができたら素敵だなと考えています。

♥ スキルの使用例

　上靴のしまい方が気になり，写真を撮りました。子どもたちに見せると，「お前のじゃん！」と言って，乱れている上靴の子のことを冷やかすような子が現れました。私は「さあ，どうやって問い詰めようか…」と考えていましたが，ある子が「でも，○○偉くね？」とつぶやきました。写真左上の子がきちんと上靴を整えている様子を見てつぶやいたのです。

　私はショックを受けました。子どもたちの粗探しをするような指導をしていたからです。この写真も，見方によっては「素晴らしい写真」でした。私は，「よかった。○○君のように成長している人がいて。」と話しました。

でも，よかった！

見方，考え方を
大切にしよう

残念だな…

ちょこっとスキル

❶ マイナス面の裏側にはプラス面があると信じる。

❷ マイナス面があるおかげで，プラス面に気づく。

🗨 なんのためのスキル？

- ✔ 物事の見方をポジティブに変換する力を身につけるため。
- ✔ 「よかった」という言葉で子どもたちに安心感を与えるため。

1日の学級の軸をつくる
「黒板左端の活用」

♠ こんなことありませんか？

　朝は宿題や提出物のチェックに追われ，すぐに1時間目が始まります。帰りは電話対応や会議があります。日々多くの仕事に追われると，学級のことを考える時間をなかなか確保できません。結果，学級の軸が不安定になってしまったことはありませんか？

　そんな時は，黒板を活用してみてはいかがでしょうか？黒板の左端に大切にしたいことを書いて伝え，活動させることで1日の学級の軸をつくることができます。その言葉をもとに振り返ると，次の日につなげることができます。

♥ スキルの使用例

　「今日はこんな話をしよう」「今日はこれを重点的に指導しよう」というような，大切にしたいことを家や通勤途中等に考えます。朝の会が始まる前の時間（5分程度）を使って黒板の左端に書き，朝の会で子どもに伝えます。子どもはそれをもとに活動し，帰りの会で黒板の内容をもとに全体で振り返ります。そして放課後，「今日は授業でこんな声かけをしたな」「こんなことがあったな」ということを（5分程度）振り返ります。これを，ノートや手帳に書き写して日々の記録とします。黒板に書かれたことが，子どもにとっても教師にとっても軸になり，ブレない指導につなげることができます。

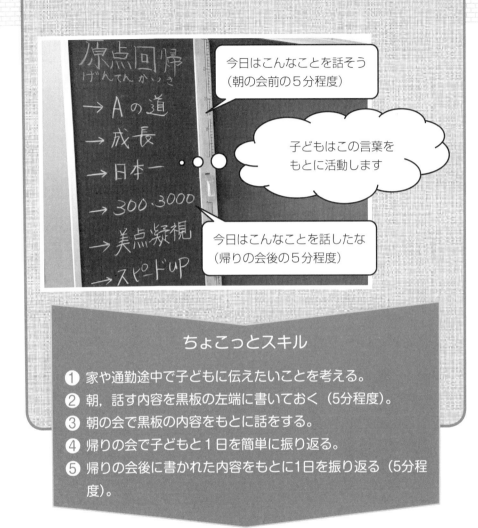

ちょこっとスキル

① 家や通勤途中で子どもに伝えたいことを考える。

② 朝，話す内容を黒板の左端に書いておく（5分程度）。

③ 朝の会で黒板の内容をもとに話をする。

④ 帰りの会で子どもと1日を簡単に振り返る。

⑤ 帰りの会後に書かれた内容をもとに1日を振り返る（5分程度）。

💬 なんのためのスキル？

✔ 子どもたちへの指導がブレないようにするため。

✔ 短時間で学級と向き合う時間を確保するため。

【参考文献】菊池省三ほか著『「白熱する教室」を創る8つの視点』中村堂

おわりに

「子どもの笑顔あふれる教室にしたいなあ…」
「子どもをキラキラと輝かせたいなあ…」
「子どもの将来のために，成長させたいなあ…」
　でも，10年以上経験を積んでも，思ったようにいかないことはたくさんあります。願いとは逆の方向に進むことも少なくありません。

　私は，「ネタ」を集めては学級で乱発するような若手時代を過ごしていました。そして，その「技術」が通用しなければ「圧力」という名の指導で学級を管理し，統率していたように思います。
　その1年間はよくても，次の年になると子どもが荒れるような経験をしました。「古舘さんの後は…」と言われることもありました。

　振り返って気づいたことは，「願い」が「教師のため」であったからです。教師の一方的な「こうしたい！」が強く，子どもが「どう伸びたいか？」は置き去りにされていたからです。「子どもを中心」に考え，それを支えるような「スキル」ではなかったのだなと思います。
　そのため，子どもたちが自分らしさを発揮し合うような学級ではなく，先生の顔色をうかがって過ごすように育っていきました。

　この本では，
■小さいけれど，知っていると安心感がもてる技術を伝えること
■サッと読んで，明日から使える具体的なスキルを伝えること
そして，
■子どもも教師も，学級が楽しくなること
を願って書かせていただきました。

しかし，これらのスキルを使えば，「劇的に学級が変わる」というものではありません。これらのスキルを使ったから「子どもが成長しました」という即効性はないかもしれません。そこに，確かな「願い」がなければ効果が薄れてしまうからです。

　私たちは，この本を手に取った方々の「願い」に寄り添うために「ちょこっとスキル」をまとめました。誰もが無意識的に行っているような暗黙知的なスキルを言語化することで，形式知として多くの先生に広げたいと思って書きました。
　私が今，頑張ることのできる理由は「ちょこっとスキル」が支えてくれると信じているからです。言語化された「ちょこっとスキル」が，自分の願いを叶えていくための活力だからです。そして，子どもの成長に寄り添うために不可欠だからです。

　「先生，掲示物つくったんですけど，貼っていいですか？」
　「先生，休み時間も続きやりたいんで，机そのままでいいですか？」
　「先生，先生，先生…」

　「ちょこっとスキル」を教室に導入するだけで，子どもたちが輝いて見えるようになりました。子どもたちは生き生きした表情で過ごすようになりました。結果，私は学級が楽しいと感じるようになりました。子どもたちの成長を見続けることが，楽しくて仕方がないのです。

　本書を手に取った先生方の教室に「ちょこっとスキル」があふれますように。そして，子どもたちの笑顔，先生方の笑顔があふれますように。多くの教室の「願い」に寄り添う「ちょこっとスキル」でありますように。

古舘　良純

【著者紹介】
髙橋　朋彦（たかはし　ともひこ）
1983年千葉県生まれ。現在，千葉県君津市の小学校勤務。文科省指定の小中一貫フォーラムで研究主任を務める。市教育委員会が主催する初任者研修や若手研修で，算数や数学の授業公開をし，講師を務める。教育サークル「スイッチオン」，バラスーシ研究会，日本学級経営学会などに所属。算数と学級経営について中心に学ぶ。
著書に『授業の腕をあげるちょこっとスキル』（明治図書）『明日からできる速攻マンガ　4年生の学級づくり』（日本標準）などがある。
［執筆No. 1〜3, 8, 9, 11, 12, 15, 16, 22〜27, 30〜33, 38〜41, 46〜48, 53〜56］

古舘　良純（ふるだて　よしずみ）
1983年岩手県生まれ。現在，岩手県花巻市の小学校勤務。平成29年度 教育弘済会千葉教育実践研究論文で「考え，議論する道徳授業の在り方」が最優秀賞を受賞。近隣の学校で校内研修（道徳）の講師を務めたり，初任者研修の一環等で道徳授業を公開したりしている。バラスーシ研究会，菊池道場岩手支部に所属し，菊池道場岩手支部長を務めている。
著書に『授業の腕をあげるちょこっとスキル』（明治図書）『言葉で人間を育てる菊池道場流「成長の授業」』（中村堂・分筆担当）『スタートダッシュ大成功！小学校 学級開き大事典 高学年』（明治図書・分筆担当）などがある。
［執筆No. 4〜7, 10, 13, 14, 17〜21, 28, 29, 34〜37, 42〜45, 49〜52, 57〜60］

学級経営サポートBOOKS
学級づくりに自信がもてるちょこっとスキル

2020年2月初版第1刷刊　©著　者　髙　橋　朋　彦
2022年1月初版第6刷刊　　　　　　古　舘　良　純
　　　　　　　　　　　発行者　藤　原　光　政
　　　　　　　　　　　発行所　明治図書出版株式会社
　　　　　　　　　　　　　　　http://www.meijitosho.co.jp
　　　　　　　　　（企画）佐藤智恵　（校正）武藤亜子
　　　　　　　　　〒114-0023　東京都北区滝野川7-46-1
　　　　　　　　　振替00160-5-151318　電話03(5907)6703
　　　　　　　　　ご注文窓口　電話03(5907)6668
＊検印省略　　　　　　組版所 広 研 印 刷 株 式 会 社

Printed in Japan　　　　　ISBN978-4-18-278713-3
もれなくクーポンがもらえる！読者アンケートはこちらから